Fisch
köstlich & gesund

FISCH – KÖSTLICH UND GESUND

Redaktion: Christina Helmin, Heike Mommertz
Fachberatung: Institut für Fleischforschung, Fleischtechnologie und Qualitätssicherung e.V., Kennedyallee 53, 6000 Frankfurt 70
Fotos: Naumann & Göbel Verlagsgesellschaft mbH, Köln
Schutzumschlaggestaltung: Rincón Partners, Köln
Reproduktionen: ORD Offset-Reproduktion, Gronau
Gesamtherstellung: Mainpresse Richterdruck, Würzburg

Printed in Germany
ISBN 3-625-10853-4

Fisch

köstlich & gesund

NAUMANN & GÖBEL

Vorwort

Fisch hat das ganze Jahr Saison – sei es als Frisch- oder TK-Produkt. Sie sollten ihm keine "Schonzeit" gönnen, denn er is(s)t sehr gesund – kalorienarm, leicht bekömmlich, mit viel Eiweiß und wichtigen Mineralstoffen.
Wenn Sie bisher auch zu denen gehört haben, die zwar gerne Fisch essen, ihn aber nicht selbst zubereiten wollen, wird sich dies schnell ändern, wenn Sie weiterlesen. In diesem Buch zeigen wir Ihnen, wie vielseitig die Fischküche sein kann und daß es gar nicht schwer ist, die Rezepte nachzukochen.
Also dann, angeln Sie sich den leckersten Vorschlag für Ihren Kochtopf!

Petri Heil!

Inhalt

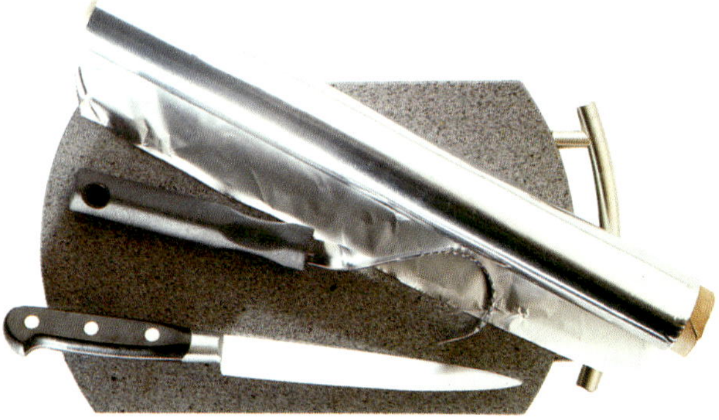

Fisch und die Vorbereitungen

Wenn Sie einen freundlichen Fischhändler in der Nähe haben, erledigt er einen Großteil der Vorbereitungen für Sie. Dies ist der einfachste und sauberste Weg, den Fisch küchenfertig zu bekommen.
Damit Sie aber auch Bescheid wissen, wie es geht, wenn Ihre Familie im nächsten Urlaub herrlich frische, eigenhändig gefangene Fische zum Mittagessen mitbringt, an dieser Stelle kurz das Wichtigste.

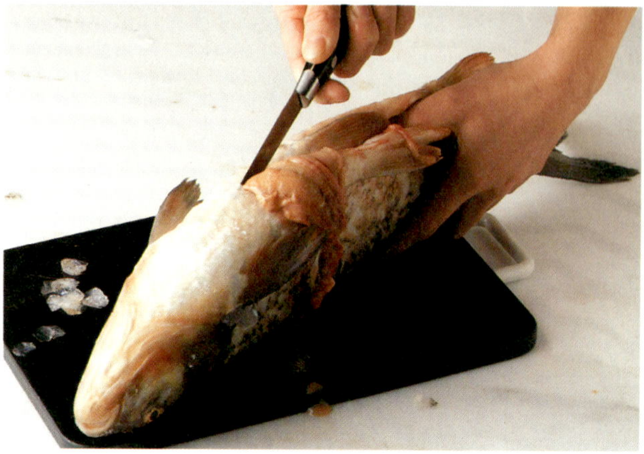

Ausnehmen
Beim Ausnehmen ist es wichtig, daß keine inneren Organe verletzt werden, weil ein ausgelaufener Magen oder eine zerschnittene Galle den Fischgenuß ziemlich stark beeinträchtigen.
Stechen Sie mit einem langen, schmalen Messer in das Waidloch oberhalb des Schwanzes, und schneiden Sie die Bauchseite bis zur "Kehle" auf.
Danach werden die Innereien von unten nach oben sorgfältig und restlos entfernt. Die Bauchhöhle kurz unter fließend kaltem Wasser ausspülen und anschließend trockentupfen.

Schuppen
In der Geldbörse bringt eine Schuppe Glück. Im Essen nicht. Also nehmen Sie ein scharfes Messer oder einen Fisch-Schupper (im Fachhandel erhältlich), fassen Sie den Fisch beim Schwanz, und kratzen Sie dann zum Kopf hin die Schuppen ab.
Die Arbeit geht etwas einfacher von der Hand, wenn Sie den Fisch unter fließend kaltes Wasser halten. Außerdem bleibt auf diese Weise die Küche sauber.

Filetieren
Mit einem großen, scharfen Messer am Ende des Kopfes in den Rücken schneiden, und zwar so weit, daß das Messer direkt über den Gräten liegt. Die andere Hand flach auf den Fisch legen und den Fisch mit gleichmäßigem Druck vom Kopf zum Schwanz durchschneiden.
Die so entgrätete Fischhälfte wird mit der Haut nach unten auf ein Brett gelegt, das Messer wird schräg gehalten und am Schwanzende vorsichtig ein Stück Haut abgelöst. Das Messer langsam weiterschieben, bis die ganze Haut vom Fischfleisch getrennt ist.
Prüfen Sie, ob an der Innenseite des Filets noch Gräten sind. Je sorgfältiger Sie filetieren, desto weniger Ärger haben Sie beim Essen mit Gräten.
Entfernen Sie diese mit einer Pinzette o.ä.

Einschneiden
Damit auch größere Fische gleichmäßig garen, wird der Rückenmuskel in Längs- oder Querrichtung von beiden Seiten eingeschnitten, in einem gleichmäßigen Abstand von 4 – 5 cm. So werden beim Zubereiten gleichzeitig die kleinen, lästigen Gräten weich und können ohne Bedenken mitgegessen werden.

Einfrieren
Fisch sollte nach Möglichkeit im Schnellgefrierfach eingefroren werden, um einen Qualitätsverlust zu vermeiden. In Folie eingeschlagen und in Plastikboxen verpackt, läßt er sich im Tk-Gerät gut lagern. Da die Haltbarkeit je nach Fisch zwischen 2 und 5 Monaten liegt, empfiehlt sich eine Datierung des Gefriergutes.

Abziehen
Fische mit sehr harter Haut, wie z.B. der Aal, sollten abgezogen werden. Dieser Arbeitsvorgang ist nicht ganz einfach und erfordert einige Übung. Lassen Sie sich nicht entmutigen, wenn es nicht gleich beim ersten Mal klappt. Der Fisch wird, ähnlich wie beim Ausnehmen, bis zu den Kiemen aufgeschnitten. Dann ein Querschnitt an der Kehle bis zur Haut. Vorsichtig, nicht die Haut durchschneiden! Dann wird das Genick abgeknickt, der Kopf zwischen Daumen und Zeigefinger genommen und leicht nach unten gezogen. Nehmen Sie in die andere Hand ein trockenes Tuch, um den bereits abgezogenen Teil besser halten zu können, und ziehen Sie dann die restliche Haut in einem Stück ab.

Aufbewahren
Frischer Fisch sollte so schnell wie möglich weiterverarbeitet werden, denn auch bei sachgemäßer Kühlung ist er nur begrenzt lagerfähig.
Am besten ist es, ihn im kältesten Teil des Kühlschrankes zwischen gestoßenem Eis aufzubewahren.

Fisch und Gemüse

Das macht fit! Gesünder geht es (fast) nicht. Vitamine, Mineralstoffe, Spurenelemente, Ballaststoffe und viel Eiweiß sind darin enthalten.
Ideal ist es, möglichst nur frisches Gemüse zu verwenden. Wenn es ausnahmsweise etwas schneller gehen muß, greifen Sie zu Tk-Produkten, denn dann entfällt das arbeitsintensive Putzen, Waschen und Zerkleinern. In feuchtes Papier oder ein Tuch eingeschlagen und kalt gestellt, läßt sich auch frisches Gemüse einige Zeit ohne Qualitätsverlust aufbewahren.
Wußten Sie übrigens, daß das Wort Gemüse von "Mus" kommt, weil man früher noch nichts von Vitaminen u. ä. wußte und das schmackhafte Grün nur als notwendige Beikost betrachtete?
Zum Fisch passen viele Gemüsesorten. Wir haben bewußt auch einige weniger bekannte verarbeitet, die Sie vielleicht schon immer einmal ausprobieren wollten. Nachstehend einige kleine Informationen dazu:

Staudensellerie ist ein Wintergemüse und schmeckt roh und gekocht. Die saftigen Stengel sind innen hellgelb und außen grün. Die Vorbereitung ist ganz einfach: den Wurzelansatz abschneiden, dann die Stengel einzeln ablösen. Sind die äußeren Stangen etwas grobfaserig, werden sie, ähnlich wie Rhabarber, geschält. Sonst nur unter fließendem Wasser abspülen und trockentupfen.

Gemüsefenchel hat einen anisartigen Geschmack und ist vorwiegend im Winter und im Frühjahr auf dem Markt zu haben. Die weißlich-grünen Knollen sollten keine braunen Flecken haben. Verarbeitet werden nur die Knollen, nachdem Wurzel- und Stengelansätze abgeschnitten sind. Dann unter kaltem Wasser abspülen.

Rosenkohl-Knospen müssen fest geschlossen und knakkig grün sein. Die zarten Kohlköpfchen erreichen, ähnlich wie Grünkohl, ihren vollen Geschmack erst nach dem ersten Frost. Es ist ein besonders schmackhaftes Wintergemüse mit hohem Vitamin-C-Gehalt, das als Tk-Produkt ganzjährig Saison hat.

Spitzkohl ist eine besondere Delikatesse, sozusagen ein "Superkohl". Er hat eine Kegelform, und die blau-grünen, harten Außenblätter schützen die zarten Innenblättchen. Weiterverarbeitet werden nur diese äußerst schmackhaften Innenteile.

Mangold, ein spinatartiges Sommergemüse, ist zu Unrecht in Vergessenheit geraten. Glücklicherweise wird er seit einiger Zeit im Handel wieder angeboten. Verwendet werden die fleischigen Blattrippen (Zubereitung wie Spargel) und die krausen grünen Blatteile. Es ist ein vitaminreiches Gemüse fast ohne Abfall.

Linsen schmecken nicht nur im traditionellen Eintopf, sondern auch in Verbindung mit Fisch. Da sie bereits im Alten Testament bei Jakob und Esau erwähnt wurden, zählt man sie heute mit Recht zu den ältesten Nahrungsmitteln überhaupt. Kühl, dunkel und trocken gelagert, halten sie sich ohne Qualitätsverlust jahrelang. Außerdem sind sie reich an Eiweiß, Mineralstoffen wie Natrium, Phosphor, Eisen und Kalium sowie an Vitamin B.

So, dies war der Gemüsekorb mit den etwas ausgefallenen Sorten. Aber auch die anderen Gemüsesorten wie Spinat, China- und Wirsingkohl, Tomaten, Möhren, Erbsen, Zwiebeln, Lauch, Spargel und Kartoffeln sollen nicht unerwähnt bleiben. Und ebenfalls gehören Champignons und Austernpilze zu diesem leckeren "Fisch- und Gemüse-Reigen".

Fisch und Kräuter

Zarter Fisch und würzige Kräuter harmonieren wunderbar miteinander. Fischgerichte mit Kräutern schmecken nicht nur gut, sondern sind außerdem richtige "Vitaminbomben."
Allerdings muß man diese zarten "Pflänzchen" sorgfältig behandeln und mit wenigen Ausnahmen nicht mitkochen, sondern erst zum Schluß an die Gerichte geben.
Im Übrigen gilt für Kräuter das gleiche wie für Gewürze: sie sollen den Geschmack der Speise unterstreichen, aber nicht überdecken.

Dill ist ein Spezialgewürz für Fische und Krusten- und Schalentiere. Es verträgt sich nicht mit anderen Kräutern. Die feingefiederten Blättchen sollten frisch oder tiefgefroren verwendet werden, denn getrocknet verlieren sie das Aroma.

Fenchel wird nur frisch verarbeitet und äußerst sparsam eingesetzt. Sein Geschmack erinnert etwas an Anis.

Gartenkresse ist in kleinen Schälchen das ganze Jahr im Handel. Außerdem können Sie sich diese kleine, nahrhafte Wiese selbst heranziehen. Die scharfwürzigen, kleinen Blättchen werden nur frisch verwendet und brauchen nicht gewaschen und gehackt zu werden.

Basilikum hat einen leicht pfefferartigen Geschmack und auch als Treibhauspflanze ein volles Aroma. Es wird als TK-Produkt, in Kräutermischungen, getrocknet und frisch angeboten. Dieses Kraut kann kurz mitgekocht werden.

Estragon hat einen sanften Anisgeschmack und sollte möglichst vorsichtig dosiert werden. Es kann kurz mitgekocht werden. Estragon eignet sich zum Trocknen und zum Verfeinern von Weißwein-Essig. Ein Zweig in der Flasche konserviert das Aroma bis zum Winter.

Kerbel hat viel Vitamin C, ist reich an Mineralstoffen und sollte nur frisch verwendet werden. Der zarte Eigengeschmack erlaubt eine reichliche Dosierung. Die Struktur der Blättchen erinnert etwas an Petersilie, mit der der Kerbel weitläufig verwandt ist.

Majoran wird frisch oder getrocknet mitgekocht. Es hat einen sehr dominierenden Geschmack, und sollte deshalb nur sparsam verwendet werden.
Oregano ist der wilde Bruder des Majoran und das typische Würzkraut der südlichen Küche. Es wächst auch in unseren Breiten, hat dann aber ein schwächeres Aroma.

Petersilie wächst fast in jedem Garten oder auf der Fensterbank. Das glatte Kraut ist etwas würziger als das krause. Es kann kurz mitgekocht werden, schmeckt aber besser frisch.

Rosmarin, eine immergrüne, südliche Staude mit nadelartigen, harten Blättchen. Es wird meist getrocknet angeboten. Es kann mitgekocht werden, sollte aber vor dem Servieren entfernt werden. Hat einen kräftigen, würzig-harzigen Geschmack. Vorsichtig verwenden.

Sauerampfer hat einen angenehm säuerlichen Geschmack. Am zartesten sind die kleinen Blättchen. Ob roh oder gekocht, als Salat, Suppe oder Beilage – in jeder Form schmeckt er gut. Im Frühling gibt es ihn ganz frisch beim Händler oder in Wald und Feld.

Thymian hat kleine, grüne Blättchen mit hellen Unterseiten und ist in ganz Europa bekannt. Vor allem im Süden wird sein würziger Geschmack in Verbindung mit Tomaten, Fisch, Knoblauch und Zwiebeln geschätzt. Es wird mitgekocht.

Pimpinelle verträgt sich durch ihr feines, nußartiges Aroma gut mit anderen Kräutern, z.B. in Zitrone- oder Essigmarinaden für Salate. Es sollte immer frisch verarbeitet werden. Die Aufzucht im Garten oder auf dem Balkon ist ganz einfach.

Salbei hat einen intensiven, eigenwilligen Geschmack und erinnert an Ferien und Grillfeste. Nur sparsam damit würzen. Es kann mitgekocht werden. Salbei verliert auch beim Trocknen nicht an Kraft. Die Blätter werden vor der Blüte geerntet (Juli-August). Ein blühender Salbeistrauch im Garten oder auf dem Balkon ist ein Paradies für Insekten.

Schnittlauch wird immer frisch verwendet und ist zusammen mit Petersilie das am meisten verwendete Kraut. Mit Recht. Der leichte Zwiebelgeschmack paßt zu vielen Gerichten und bringt einen Hauch von Frühling und Frische an die Speisen. Außerdem ist das blühende Kraut ein extravaganter Tisch-Schmuck.

Zitronenmelisse ist im Geschmack genauso wie ihr Name es schon andeutet: leicht säuerlich nach Zitrone. Wenn sie getrocknet ist, läßt sie sich mitkochen. Ist sie dagegen frisch, wird sie ganz schön sauer. Die dekorativen Blätter eignen sich gut zum Garnieren.

Fisch und Gewürze

Beim Würzen gilt immer der Grundsatz: Zuviel ist nicht zu genießen, zuwenig ist fade! Viel Fingerspitzengefühl ist hier notwendig.
Was sind eigentlich Gewürze, und was sind Kräuter? Es ist nicht ganz einfach, die Begriffe auseinander zuhalten. Kräuter sind all jene Würzpflanzen, bei denen Blätter und eventuell die Stengel verwendet werden. Gewürze dagegen sind Früchte, Samen, Blüten, Blütenteile, Rinden und auch Wurzeln der Pflanzen. Da die Übergänge etwas fließend sind, werden oft auch getrocknete Kräuter zu den Gewürzen gezählt.
Ätherische Öle geben jedem Gewürz seinen typischen Geschmack. Bei unsachgemäßer oder zu langer Lagerung verflüchtigen sich diese Öle, so daß die Würzkraft immer mehr nachläßt.

Hier einige Tips für den Umgang mit Gewürzen:
- Immer nur kleine Mengen kaufen.
- Nicht länger als 12 Monate lagern.
- In fest verschlossenen Behältern aufbewahren.
- Ganze, ungemahlene Körner sind viel aromatischer als fertige Pulver.
- Nach Möglichkeit sparsam würzen und nicht den Eigengeschmack der Speisen überdecken.
- Nicht zu viele Gewürze miteinander mischen. Einige passen nicht zusammen, und andere heben sich in ihrer Würz-Wirkung auf.

Gewürze und Fisch vertragen sich sehr gut, und Sie vertragen gewürzte Fischgerichte gut, weil sie nicht nur den Appetit anregen, sondern auch wichtig für eine gesunde Ernährung sind.

Was früher nur dem Adel und reichen Bürgern vorbehalten war, ist nun für jeden erschwinglich.
In welch glücklicher Lage sind wir heute, daß wir Gewürze wie Pfeffer, Knoblauch, Zwiebeln, Wacholderbeeren, Senfkörner, Piment, Safran, Ingwer, Kümmel, Paprika, Lorbeerblätter, Gewürznelken, Curry, Meerrettich u.v.a. in jedem gutsortierten Geschäft zu jeder Jahreszeit kaufen können.

Wenn Seefahrer im Mittelalter dahin geschickt wurden "wo der Pfeffer wächst", waren sie oft Wochen und Monate unterwegs. Heute ist Pfeffer in wenigen Stunden mit dem Flugzeug bei uns.
Geschichten über alte Salz- und Gewürzstraßen erinnern immer noch daran, wie mühe- und gefahrvoll der Transport dieser begehrten Waren war.

CHANTRÉ & CIE
0,7 l
SEIT 1860

Fisch und Getränke

Fisch muß schwimmen. Das heißt, ein gutes Getränk gehört zu jedem Fischgericht dazu. Es kann, aber es muß nicht immer ein trockener, leichter Weißwein sein.

Frei nach dem Motto "erlaubt ist, was schmeckt", kann man je nach Fisch- und Zubereitungsart auch kräftige Weißweine sowie Rosé- und Rotweine, ja sogar Sekt, Champagner oder Bier servieren.
Hin und wieder ist auch ein Aquavit, Korn oder Obstbrand das Richtige.

Hier einige Vorschläge:
Zu gedünstetem Fisch kann man leichte, trockene Weißweine reichen (Silvaner, Riesling oder Müller-Thurgau aus Baden, Franken, dem Rheingau oder Rheinhessen).
Zu gegrillten oder gebratenen Fischgerichten passen kräftigere Weißweine aus Italien, Frankreich oder dem Elsaß.
Auf einen speziellen Kochwein sollten Sie verzichten und immer den Wein nehmen, den Sie später auch dazu trinken wollen. (Wenn der Fisch in einer Rotwein-Sauce "schwimmt", trinken Sie zum Essen auch Rotwein.)
Auch einfache Landweine haben ihren Reiz, vor allem dann, wenn sie zu landestypischen Fischgerichten serviert werden.
Apropos Wein: Die Wein-Etiketten sagen eine ganze Menge über den Flascheninhalt aus. Es ist gar nicht schwer, sich darin ein bißchen auszukennen.
Deutscher Wein z.B. wird unterteilt in:

- **Tafelwein**
- **Qualitätswein** (stammt aus einem bestimmten Gebiet)
- **Qualitätswein mit Prädikat** (Spätlese, Kabinett u.ä.)

Nun zum prickelnden Bruder des Weines, dem Schaumwein, Sekt oder Champagner. Obwohl er heute nicht mehr von der "Aura des Außergewöhnlichen" umgeben wird, hat doch ein guter Sekt oder Champagner seinen Preis. Das gilt vor allen Dingen dann, wenn er durch Flaschen-Gärung hergestellt wird, die langwierig und arbeitsintensiv ist.
Also, wenn Sie sich das Sektvergnügen zur Lachsschnitte, zum Seezungenröllchen oder zu Austern gönnen, dann am besten mit gut gekühltem Qualitätssekt.

"Im Bier liegt Weisheit, im Bier liegt Kraft, die treiben zu herrlichen Taten . . ." An diesen Spruch sollten Sie denken und zum nächsten Fischgericht Bier einschenken.
Beispielsweise paßt zu Krusten- und Schalentieren und auch zu gedünstetem Fisch ein herbes Pilsener oder ein spritziges Weizen-Bier.
Oder überraschen Sie Ihre Gäste bei einem Muschelessen einmal mit einem würzigen Alt.

Zu guter Letzt tragen Aquavit, Korn oder Obstbrände dazu bei, daß Matjeshering, Graved Lachs oder geräucherte Fisch-Spezialitäten besser verdaut werden.
Dies war unser kleines "Getränke-Brevier" zu Ihrem Wohl!

Infos und Tips

Aminosäuren sind die Bausteine der Proteine und für den Menschen lebensnotwendig (essentiell). Ihr Anteil ist besonders im Fisch sehr hoch, und ca. 200 g Fischfleisch decken bereits den Tagesbedarf an tierischem Eiweiß.

Eiweiß (Protein) kann tierischen oder auch pflanzlichen Ursprung haben. Je nach Körpergewicht müssen wir zwischen 40 – 100 g Eiweiß pro Tag mit der Nahrung aufnehmen (Richtwert bei Erwachsenen: ca. 1 g pro kg Körpergewicht). Etwa die Hälfte des Gesamteiweißbedarfes sollte tierischer Herkunft sein.

Mehrfach ungesättigte Fettsäuren finden sich im Fett der Fische und beugen maßgeblich Herzinfarkten vor, wie Untersuchungen bei Völkern mit hohem Fischverbrauch gezeigt haben.

Die Fische haben einen unterschiedlichen Anteil an **Fettgehalt.**

mehr als 10 %	= Fettfische (z.B. Aal, Makrele)
bis 10 %	= Halbfett-Fische (z.B. Seezunge, Scholle, Thunfisch, Steinbutt, Forelle)
weniger als 1 %	= Magerfische (z.B. vorwiegend Seefisch – wie Kabeljau, Seelachs, Schellfisch u.a.)

Mineralstoffe wie Calcium, Eisen, Jod, Magnesium und Phosphor sind im Fleisch und in den Innereien der Fische ebenfalls reichlich vorhanden.
Beispielsweise ist der Genuß von Salzwasserfischen, Krusten- und Schalentieren eine prima Vorbeugung gegen Jodmangel.
Wichtige Vitamine wie A und D sowie etliche B-Komplexe sind im Fisch ebenfalls reichlich zu finden.

Fisch darf nach Wasser, Salz und Meer riechen, aber nicht nach Fisch! Achten Sie unbedingt auf folgende Frische-Merkmale: klare glänzende Augen,
leuchtend rote Kiemen,
eine glatte, geschmeidige Haut.

Mit einer Spezialpinzette, die im Fachhandel erhältlich ist, bekommen Sie die Gräten "in den Griff".

Schneiden Sie Fisch nur auf einem kalt abgespülten Holzbrett oder auf Porzellan.

Plattfische haben in der schwarzen Haut knorpelartige Steinchen, die sich abschaben oder mit einer harten Bürste entfernen lassen.

Im Ganzen gegarten Fisch zu zerlegen ist viel einfacher, als Sie denken:

1. den Fisch in die Seitenlage drehen, die Haut vorsichtig vom Schwanz her abziehen.
2. die Rücken- und Bauchfilets trennen, indem Sie mit einem scharfen Messer genau den Hauptgräten-Strang entlang schneiden.
3. Zuletzt nur noch die Filets von der Gräte schieben und Kopf und Gräte nach hinten ziehen. Die restlichen Filets lassen sich dann leicht von der Haut heben.

Fisch nimmt zu lange Garzeiten und zu hohe Temperaturen sehr übel. Bitte achten Sie immer auf die bei den Rezepten vorgegebenen Zeiten.

Fischfilet muß hell und fest sein, dann ist es frisch.

Tiefgekühlten Fisch sollten Sie immer vollständig auftauen und erst dann weiterverwenden. Zu hoher Flüssigkeitsverlust wird auf diese Weise vermieden.
Mehr als 20 % der verkauften Fische sind TK-Produkte. Die Tendenz ist steigend.

Fetter Fisch sollte bei – 18° C höchstens 2 Monate bzw. unter 18° C nicht länger als 3 Monate gelagert werden. Bei magerem Fisch verlängert sich die Zeit bei – 18° C auf 3 Monate und unter – 18° C auf max. 5 – 6 Monate.

Karpfen lassen sich gut einfrieren. Man kann sie aber nach dem Auftauen nicht mehr blaukochen.

Frische Fische, die blaugekocht werden sollen, bitte vorsichtig behandeln. Nicht schuppen oder die Schleimhaut verletzen.
Außerdem genügt es, dem Kochsud Essig und Wein zuzugeben, um die "blaue Farbe" zu erhalten. Ein Übergießen mit heißem Essig vor dem Kochen ist dann nicht mehr notwendig.

Im Ganzen gekochter Fisch ist gar, wenn Sie den Rükkenmuskel mit einer Gabel durchstechen können.

Nur die Schalen unbehandelter Zitrusfrüchte zum Mitkochen verwenden. Man sollte sie hauchdünn schälen. Nur das Gelbe verwenden, denn die weißen Teile sind bitter.
Sauce läßt sich mit frischer Butter leicht binden. Dazu kleine, gut gekühlte Flöckchen unterschlagen.

Würfel oder Streifen aus Möhren sehen in Fischgerichten immer sehr dekorativ aus und sind ebenso schnell geschnitten wie Scheiben.
Würfel: erst längs in dickere Stifte, dann quer in kleine Würfel schneiden.
Streifen: erst längs in schmale Scheiben und diese dann in Streifen oder Stifte schneiden.

Süsswasser-
fische

Ein kostbarer Lebensraum für Süßwasserfische: saubere Bäche, wilde Flüsse und weite Seen. Fisch ist begehrt in der feinen Küche. Er läßt sich vielseitig zubereiten. Wie gesund und bekömmlich Fisch sein kann, zeigen Ihnen die folgenden Seiten.

Fisch wird seit altersher als Leckerbissen geschätzt.
In Rom wurde der Gast dadurch geehrt, daß er sich „seinen Fisch" für das Festmahl in einem Aquarium wählen konnte.
Für uns unvorstellbare Mengen von wildlebenden Süßwasserfischen gab es im Mittelalter.
In den Klöstern wußte man dieses Geschenk des Himmels, besonders zur Fastenzeit, sehr gut zu nutzen.
Mönche waren es auch, die die ersten Zuchtteiche für Karpfen und Forellen angelegt haben – eine Methode, die nicht nur bis in die heutige Zeit Bestand hat, sondern immer mehr an Bedeutung gewinnt.
Die Gründe dafür sind nicht nur die immer noch steigende Nachfrage, bedingt durch ein gesünderes Eßverhalten, sondern auch die bessere Qualität des Wassers.

Karpfen

Schleie

Friedfische

Rotfeder

Bleie

Barbe

Raubfische

Forelle

Saibling

Barsch

Zander

Hecht

Wels

Wanderfische

Aal

Lachs

Meerforelle

Stör

WARENKUNDE

Süßwasserfische wie Forellen und Karpfen gehören zu den beliebtesten Speisefischen. Sie kommen vorwiegend aus Züchtereien und werden das ganze Jahr über frisch angeboten.

Wenn Sie Fische im Ganzen kaufen, können Sie die Frischemerkmale sehr gut kontrollieren;

- klare, glänzende Augen
- eine glatte, geschmeidige Haut
- feuchte Flossen
- ein Fingerdruck sollte keine Delle hinterlassen
- leuchtend rote Kiemen (wie die Abb. zeigt)

Da es im Handel unterschiedliche Bezeichnungen für Forellen gibt, folgen einige nähere Erklärungen zu den einzelnen Arten.

Die **Bachforelle** ist der Star der großen Familie der Lachsfische. Sie liebt klare, saubere Gebirgsbäche und wird gern von Sportanglern gefangen. Der Fisch hat einen besonders feinen Geschmack – und einen hohen Preis. Im Handel ist er deshalb nicht sehr oft zu finden. Außerdem ist die Bachforelle für Züchtereien nicht so interessant, weil sie langsam wächst.

Deshalb bevorzugen Züchter die **Regenbogenforelle,** die leicht zu züchten ist, schnell wächst und dementsprechend preiswert angeboten werden kann. Das ideale Vermarktungsgewicht beträgt 200 – 300 g.

Die **Lachsforelle** ist eigentlich nur eine Bezeichnung des Handels für Forellen mit zartrosa – somit lachsähnlicher – Fleischfarbe.
Um diese spezielle Färbung des Fleisches zu erreichen, werden die Fische in den Züchtereien vorwiegend mit Garnelen und Krebsen gefüttert. Meistens handelt es sich hier um eine große, schnell wachsende Meerforellen-Art oder auch um Sonderzüchtungen. Lachsforellen bringen ein stattliches Gewicht von bis zu 2 kg auf die Waage.

Felchen ist die Bezeichnung für einen begehrten, forellenähnlichen Speisefisch im Badischen (Bodenseefelchen).

Die besten **Renken** oder **Maränen** finden Sie in den Restaurants rund um die bayerischen Seen. Dort ist mindestens jeder zweite Koch auch Angler, und zwischen Mai und Oktober findet das jährliche „Renken-Feinschmecker-Festival" statt!

Alle Süßwasserfische reagieren sehr empfindlich auf die leider immer noch zunehmende Verschmutzung von Bächen, Flüssen und Seen. Hoffen wir, daß sie in Zukunft nicht zu Luxusartikeln werden, denn Fisch läßt sich auf viele Arten schmackhaft und abwechslungsreich zubereiten und ist köstlich und gesund.

Kochen
Der Fisch wird in kochendes Wasser oder in Sud eingelegt. Man läßt ihn bei schwacher Hitze garziehen. Der Garpunkt ist erreicht, wenn die Augen weiß werden und sich die Rückenflosse leicht herausziehen läßt.

Garen im Dampf
ist Fischkochen auf schonende Art und sehr zu empfehlen, weil das Aroma nicht „verwässert" wird. Sie benötigen dazu entweder einen Fischkochtopf oder einen anderen passenden größeren Topf mit Einsatz. Der Fisch liegt dann über dem Sud und wird zugedeckt gegart.

Dünsten oder Dämpfen
nennt man das Garen in Butter, Wein, oder im eigenen Saft. Es ist immer darauf zu achten, daß die Temperatur unter dem Siedepunkt bleibt. Auf gar keinen Fall darf der Fisch kochen.

Braten
Beim Braten in der Pfanne das Fett richtig heiß werden lassen und den Fisch vorher leicht mit Mehl bestäuben, dann wird die Haut schön braun und knusprig. Aber nicht zu lange braten, sonst verliert der Fisch seine Form und zerfällt schon in der Pfanne.

Backen oder Fritieren
Bei dieser Art der Zubereitung werden Fischschnitten oder ganze, kleinere Fische in einen Backteig getaucht oder mit Ei, Mehl und Paniermehl paniert und anschließend in der Pfanne oder in der Friteuse ausgebacken. Der Teigmantel verhindert das Austrocknen, und das Fischfleisch bleibt schön saftig.

Garen in der Folie
ist praktisch und gesund, weil der Backofen sauber bleibt und die Fische im eigenen Saft garen. Außerdem geht es schnell, und es entstehen kaum unangenehme Gerüche. Geeignet sind Alu- oder transparente Schlauchfolien und konfektionierte Bratbeutel. Die Folien haben gegenüber den Beuteln den Vorteil, daß man das jeweils passende Stück abmessen kann.
Die Schlauchfolie wird, wie die Bratbeutel, mit Clipsen verschlossen und vor dem Garvorgang mehrmals mit einer Nadel eingestochen.
Die Alufolie wird mit der glänzenden Seite nach oben glatt auf die Arbeitsfläche gelegt und leicht eingefettet. Der Fisch wird darauf gelegt, die Längsseiten werden hochgezogen und mehrmals zusammengefalzt. Dann die seitlichen Enden so fest zusammenrollen, daß keine Flüssigkeit herauslaufen kann.

Ähnlich wie die Forelle wird auch der Karpfen mittlerweile ganzjährig frisch angeboten. Aber so richtig schmeckt er erst ab November.
Bei uns zu Hause gehörte er zu Silvester unbedingt dazu – wie Bleigießen und Feuerwerk. Nach altem Volksglauben bedeutet eine Karpfenschuppe in der Geldbörse, daß das Geld nie ausgeht. Was war das früher für die Kinder ein Vergnügen, die zahlreichen Schuppen in der Küche einzusammeln und als Glücksbringer zum neuen Jahr zu verschenken. Dieser Spaß ist heutzutage vorbei, da vorwiegend schuppenarme Spiegelkarpfen gezüchtet werden, mehr zur Freude aller Fischköche!
Den Fisch können Sie ganz oder zerteilt weiterverarbeiten. Wie er portioniert wird, sehen Sie auf den nebenstehenden Abbildungen.

Sie können ihn entweder
- quer in 2 – 4 Stücke zerteilen, je nach Größe,
- oder halbieren, indem Sie direkt unterhalb der Kiemen in die Kehle schneiden, das Messer durch den Fischkörper bis zum Schwanz ziehen und
- dann einen weiteren Schnitt machen, von der Rükkenflosse nach vorn, um den Kopf zu halbieren.

Garen in der Mikrowelle
Fisch eignet sich zum Garen in der Mikrowelle. Allerdings muß man darauf achten, daß er im Durchschnitt schneller gar wird, als dies in einigen Gartabellen angegeben ist.
Entscheidend für die Gardauer ist jedoch Größe und Form des Fisches. Deshalb lohnt es sich nicht, z.B. vier Forellen auf einmal in der Mikrowelle zu garen, denn in Folie dauert es nicht viel länger, und das Ergebnis ist besser. Der Einsatz der Mikrowelle lohnt sich bei kleineren Portionen.
Grundregel: Ein Filet von 180 g mit wenig Flüssigkeit auf einem abgedeckten Teller zu garen, dauert bei höchster Stufe (700 Watt) ungefähr 1 1/2 – 2 Minuten je nach Dicke. Man spart also noch Zeit, wenn man für 4 Personen jedes Filet einzeln gart.

BECHAMEL-KARTOFFELN

1 kg Kartoffeln
75 g geräucherter durchwachsener Speck
1 Zwiebel
20 g Butter
40 g Mehl
1/2 l klare Brühe (Fertigprodukt)
1/4 l Milch
Salz
Pfeffer
Petersilie zum Garnieren

1. Kartoffeln gründlich waschen und in der Schale ca. 20 Min. kochen. Unter fließendem, kaltem Wasser abschrecken, pellen und in feine Scheiben schneiden.
2. Den Speck fein würfeln, Zwiebel schälen und grob hacken. Butter in einem Topf erhitzen. Speck anrösten, die Wärmezufuhr drosseln, Zwiebelstücke hinzufügen und dann glasig dünsten.
3. Mehl hineingeben und kurz anschwitzen. Brühe und Milch zugießen, aufkochen lassen und mit Salz und Pfeffer abschmecken.
4. Kartoffeln zufügen, alles ca. 10 Min. bei schwacher Hitze weitergaren lassen. Mit Petersilie garnieren und servieren.

Vorbereitungszeit: 25 Min.
Zubereitungszeit: 20 Min.

Pro Portion
1751 kJ / 416 kcal

GRÜNER REIS

300 g Mangold
50 g Butter
1 Bund Lauchzwiebeln
1 Zwiebel
250 g Reis
1/2 l Hühnerbrühe
1 Bund Minze
Salz
Pfeffer

1. Mangoldstiele zerteilen, die dicken weißen Rippen herausschneiden, dann waschen, grob hacken und ca. 5 Min. in 25 g Butter dünsten.
2. Lauchzwiebeln putzen, waschen und in Ringe schneiden.
3. Zwiebeln schälen, grob hacken und mit den Lauchzwiebeln in der restlichen Butter andünsten.
4. Den rohen Reis dazugeben und glasig dünsten, mit der Hühnerbrühe auffüllen und aufkochen lassen. Mangold zugeben und in der geschlossenen Pfanne bei sanfter Hitze 15 Min. garen.
5. Minze unter fließendem kaltem Wasser abspülen, trockentupfen und grob hacken. Unter den Reis heben und noch 5 Min. weiter dünsten lassen.
6. Den grünen Reis mit Salz und Pfeffer abschmecken und heiß servieren.

Vorbereitungszeit: 15 Min.
Zubereitungszeit: 35 Min.

Pro Portion
2654 kJ / 632 kcal

Bunte Nudeln

250 g Bandnudeln
1 TL Salz
1 TL Öl
3 EL Butter
1 Zwiebel
1 rote Paprikaschote
1 Zucchini
1 Aubergine
1/4 l Fleischbrühe (Fertigprodukt)
Salz
Pfeffer
1 TL Thymian
1 TL Majoran
1 Dose Mais
1 Bund Petersilie

1. 2,5 – 3 l Wasser mit jeweils 1 TL Salz und Öl zum Kochen bringen und die Nudeln in 8 – 10 Min. bißfest (al dente) garen.
2. Inzwischen Paprikaschoten entkernen, waschen und würfeln. Zucchini und Aubergine waschen und würfeln.
3. Butter erhitzen und das Gemüse anbraten.
4. Mit den Gewürzen abschmecken. Die Brühe zugießen und zugedeckt bei mittlerer Hitze 10 Min. köcheln lassen.
5. Den Mais auf einem Sieb abtropfen lassen, zum Gemüse geben und erhitzen. Anschließend die Nudeln abgießen, abschrecken und abtropfen lassen.
6. Alles mischen und mit Petersilie bestreuen.

Vorbereitungszeit: 15 Min.
Zubereitungszeit: 35 Min.

Pro Portion
2473 kJ / 588 kcal

Herzhafter Bohnensalat

400 g grüne Bohnen
3 EL Essig
2 EL Öl
Salz
frischer Pfeffer
2 kleine Zwiebeln
100 g Kasseleraufschnitt

1. Die Bohnen waschen, Spitzen und Stiele entfernen, Bohnen in ca. 2 cm lange Stücke schneiden und dann 20 Min. in Salzwasser garen.
2. In der Zwischenzeit aus Essig, Öl, Salz, Pfeffer und 2 EL Wasser eine Marinade rühren. Die Zwiebeln schälen, sehr fein hacken und daruntermischen.
3. Die gut abgetropften Bohnen in eine Schüssel geben, den Kasseleraufschnitt in kleine Würfel schneiden und mit den Bohnen mischen.
4. Die Marinade darübergießen und den Salat zugedeckt etwa 20 Min. durchziehen lassen.

Vorbereitungszeit: 30 Min.
Kühlzeit: 20 Min.

Pro Portion
783 kJ / 186 kcal

FRIEDFISCHE

Friedfische lieben ruhig fließende oder auch stehende Gewässer. Gemächlich ziehen sie ihre Bahnen und haben ab und zu sogar Zeit für ein kleines Sonnenbad dicht unter der Wasseroberfläche.

Karpfen in Biersauce

- *2 EL Essig*
- *1/2 l Wasser*
- *Salz*
- *1 Zwiebel*
- *2 Möhren*
- *1/2 Sellerieknolle*
- *Pfefferkörner*
- *Nelken*
- *1 Lorbeerblatt*
- *1/2 l Malzbier*
- *1 EL Essig*
- *1 küchenfertiger Karpfen (ca. 1,5 kg)*
- *30 g Butter*
- *40 g Mehl*
- *1/2 l Fischsud*
- *50 g Rosinen*
- *Blattpetersilie zum Garnieren*

1. Zwiebel schälen. Möhren und Sellerieknolle schälen und waschen. Alles in ca. 2 cm große Stücke schneiden und in Salzwasser 15 Min. kochen lassen.
2. Gewürze, Bier und Essig dazugeben, Wärmezufuhr drosseln.
3. Den Fisch im Sud 30 Min. gar ziehen lassen und warm stellen.
4. Butter in einem Topf erhitzen, Mehl hineinrühren, mit 1/2 l Fischsud ablöschen und unter Rühren aufkochen lassen.
5. Die Sauce mit den Rosinen verfeinern, über den Fisch geben und mit Blattpetersilie verzieren.

Vorbereitungszeit: 10 Min.
Zubereitungszeit: 55 Min.

Pro Portion
4137 kJ / 985 kcal

Fränkischer Karpfen

- *1 bratfertiger Karpfen (ca. 1 kg)*
- *2 EL Mehl*
- *Fett zum Fritieren*
- *100 g Zwiebeln*
- *40 g Butter*
- *200 g frische Champignons*
- *1 Päckchen TK-Kräuter der Provence (ca. 30 g)*
- *Salz*
- *Pfeffer*

1. Karpfen mit Mehl bestäuben, im heißen Fett bei 180°C ca. 10 Min. goldbraun fritieren. Abtropfen lassen und warm stellen.
2. In der Zwischenzeit die Zwiebeln schälen, würfeln und in Butter 5 Min. glasig dünsten.
3. Champignons kurz abspülen oder nur abbürsten, putzen und in Scheiben schneiden. Zu den Zwiebeln geben und weitere 5 Min. dünsten.
4. Provence-Kräuter darunterrühren, salzen und pfeffern.
5. Fisch auf einer vorgewärmten Platte anrichten, die gekräuterten Zwiebel-Champignons daneben legen und servieren.

Vorbereitungszeit: 10 Min.
Zubereitungszeit: 25 Min.

Pro Portion
1378 kJ / 328 kcal

Karpfen im Gemüsesud

1 küchenfertiger Karpfen
(ca. 1,5 kg)
1 Zwiebel
2 Möhren
1 Sellerieknolle
2 Salbeiblättchen
Salz
50 g Butter
1 gehäufter EL Mehl
4 – 5 EL Senf
2 verquirlte Eigelb
Blattpetersilie zum
Garnieren

1. Zwiebel schälen und vierteln. Das restliche Gemüse waschen und kleinschneiden.
2. Mit Salbei und Salz in 2 l Wasser 10 Min. kochen.
3. Den Karpfen hineinlegen, 30 Min. gar ziehen lassen und warm stellen.
4. In der Zwischenzeit Butter erhitzen und Mehl hineinrühren.
5. Mit 1/4 l Fischfond ablöschen, 5 Min. kochen lassen und mit dem Senf abschmecken.
6. Die Sauce vom Herd nehmen und mit den Eigelben legieren.
7. Fisch und Sauce zusammen anrichten, mit Petersilienblättchen garnieren.

Vorbereitungszeit: 5 Min.
Zubereitungszeit: 55 Min.

Pro Portion
2662 kJ / 633 kcal

Budapester Karpfen

1 küchenfertiger Karpfen
(ca. 1,5 – 2 kg)
Salz
1 Tasse Wasser
3 EL Essig
4 EL Butter
4 Zwiebeln
1 grüne Paprika
1 kleine, rote Pfefferschote
1 Tasse Weißwein
1 Prise Muskat
aus der Mühle
1/4 l Sahne
1 gehäufter EL Paprika

1. Den Karpfen von innen kräftig mit Salz einreiben.
2. Wasser und Essig aufkochen und den Karpfen damit begießen.
3. Die Butter in einem großen Topf erhitzen, Zwiebeln fein hacken und darin glasig dünsten. Paprika waschen und entkernen. Pfefferschote ebenfalls abspülen, beides würfeln und zu den Zwiebeln geben.
4. Kurz aufkochen lassen, mit dem Weißwein ablöschen und mit einer Prise Muskat abschmecken. Den Karpfen hineinlegen und bei schwacher Hitze im geschlossenen Topf 20 Min. gar ziehen lassen.
5. Den Fisch herausnehmen und warm stellen.
6. Sahne mit Paprika verquirlen und in den kochenden Fisch-Wein-Sud einrühren. Aufkochen lassen und mit etwas Salz abschmecken.
7. Die Sauce in eine vorgewärmte Schale geben, den Karpfen darin anrichten.

Vorbereitungszeit: 20 Min.
Zubereitungszeit: 30 Min.

Pro Portion
2889 kJ / 687 kcal

Fischfrikadellen mit Bratkartoffeln

750 g Kartoffeln
600 g Bleienfilet
2 EL Zitronensaft
1 Brötchen vom Vortag
1 Ei
2 gehackte Zwiebeln
80 g Butter
1 Becher Joghurt (125 g)
1 Bund Schnittlauch
2 mittelgroße Gewürzgurken
1 säuerlicher Apfel
Salz
weißer Pfeffer
1 Prise Zucker
Friséeblätter zum Garnieren

1. Kartoffeln gründlich waschen und in der Schale ca. 25 Min. kochen. Abschrecken, pellen und in Scheiben schneiden.
2. In der Zwischenzeit das Fischfilet grob würfeln, mit Zitronensaft beträufeln, im Mixer zerkleinern.
3. Brötchen einweichen.
4. Aus Brötchen (gut ausdrücken!), Fisch, Ei und der Hälfte der Zwiebeln einen Teig herstellen und 6 Frikadellen formen.
5. 40 g Butter erhitzen und die Frikadellen von beiden Seiten goldbraun braten.
6. Restliche Zwiebelwürfel mit Butter in einer zweiten Pfanne andünsten. Kartoffelscheiben zugeben, braun werden lassen.
7. Joghurt glattrühren. Schnittlauch in Röllchen, Gewürzgurken und Apfel in Würfel schneiden. Unter den Joghurt heben und mit Salz, Pfeffer und Zukker abschmecken.
8. Frikadellen anrichten, garnieren und servieren.

Vorbereitungszeit: 20 Min.
Zubereitungszeit: 65 Min.

Pro Portion
2121 kJ / 505 kcal

Rotfedern in Wirsing

4 Tomaten
250 g Champignons
25 g Butter
Salz
Pfeffer
1 kleiner Kopf Wirsing (ca. 1 kg)
4 Rotfedernfilets (je 150 g)
1 Zitrone
Salz
Pfeffer
100 g alter Gouda
1 Becher Sauerrahm (200 g)
Salz
Pfeffer

1. Tomaten überbrühen, häuten und in kleine Würfel schneiden.
2. Champignons putzen,

waschen und in feine Scheiben schneiden.
3. Butter in einer Pfanne erhitzen und die Champignonscheiben ca. 8 Min. darin dünsten.
4. Tomatenwürfel zufügen, untermischen und mit Salz und Pfeffer pikant abschmecken. Dann beiseite stellen.
5. Wirsing putzen und die Blätter einzeln ablösen. Die dicken Rippen flach schneiden. Anschließend alle Wirsingblätter waschen und in reichlich kochendem Salzwasser ca. 10 Min. garen. Herausnehmen und auf einem Sieb gut abtropfen lassen.
6. Die Fischfilets waschen, gut trockentupfen und in mundgerechte Stücke schneiden. Mit dem Saft der Zitrone beträufeln, salzen und pfeffern. Anschließend in dem Salzwasser, in dem der Wirsing gegart wurde, etwa 5 Min. blanchieren.
7. Etwa 8 gleich große Wirsingblätter bereit legen. Restlichen Wirsing kleinhacken und den Käse fein reiben.
8. Gehackten Wirsing, die Pilz-Tomaten-Mischung und Käse unter die Fischstücke heben. Die Füllung in 8 Portionen teilen.
9. Jede Portion auf ein Wirsingblatt geben und fest darin einschlagen.
10. Die Wirsingrollen in eine feuerfeste Form schichten.
11. Saure Sahne mit einer Gabel leicht verrühren und mit Salz und Pfeffer abschmecken. Dann darüber verteilen.
12. Im vorgeheizten Backofen bei 250° C ca. 10 Min. überbacken.

Vorbereitungszeit: 20 Min.
Zubereitungszeit: 35 Min.

Pro Portion
1756 kJ / 418 kcal

Barbe mit Champignons

4 Barbenfilets
2 EL Zitronensaft
etwas Salz
2 EL Mehl
60 g Butter
1/8 l Weißwein
1 Becher Sahne (200 g)
250 g frische Champignons
1 EL Kapern
1 kleines Glas Paprikastreifen (200 g)
4 längs halbierte Sardellenfilets
1 EL gehackter Dill

1. Fisch kalt abspülen, mit Zitronensaft beträufeln.
2. 10 Min. ziehen lassen, trockentupfen, salzen und mit Mehl bestäuben.
3. Die Hälfte der Butter erhitzen. Den Fisch darin auf jeder Seite ca. 5 Min. braten. Dann herausnehmen und warm stellen.
4. Bratfond mit Wein ablöschen und aufkochen lassen. Mit Sahne verfeinern.
5. Champignons putzen und in dünne Scheiben schneiden. In einer zweiten Pfanne in der restlichen Butter gar dünsten.
6. Champignons, Kapern und Paprikastreifen in den Bratfond geben und kurz erwärmen.
7. Fisch auf dem Teller anrichten. Mit Sardellenfilets belegen und mit Dill bestreuen. Sauce vorsichtig darüber gießen.

Vorbereitungszeit: 20 Min.
Zubereitungszeit: 20 Min.

Pro Portion
2991 kJ / 712 kcal

Schleie mit feinem Gemüse

250 g Möhren
250 g Staudensellerie
2 Stangen Lauchzwiebeln
4 Schleienfilets
1 Zitrone
Salz
1 Lorbeerblatt
einige Pfefferkörner
1/2 Glas trockener Weißwein

1. Möhren waschen und schälen. Den Staudensellerie zerteilen und holzige Stellen wegschneiden. Lauchzwiebeln putzen und alles kleinschneiden.
2. Die Filets unter fließendem Wasser waschen und trockentupfen. Mit dem Saft einer Zitrone beträufeln und salzen.
3. Gemüse, Lorbeerblatt und Pfefferkörner in einen Bräter geben. Die Filets auf das Gemüse legen. Wein hinzugießen.
4. Auf dem mittleren Rost in den kalten Backofen schieben. Bei 200° C (Gas Stufe 3) schalten. 30 Min. garen.
5. Den Fisch auf dem Gemüse anrichten.

Vorbereitungszeit: 15 Min.
Zubereitungszeit: 35 Min.

Pro Portion
717 kJ / 170 kcal

Karpfen mit Sahne-Meerrettich-Sauce

4 Karpfenfilets
2 EL Essig
Salz
weißer Pfeffer
2 EL geriebener Meerrettich aus dem Glas
1 säuerlicher Apfel
1 Becher Sahne (200 g)

1. Karpfenfilets vorsichtig abspülen und trockentupfen.
2. 1 l Wasser zusammen mit Essig, Salz und Pfeffer erhitzen, nicht kochen.
3. Karpfenfilets hineingeben und in etwa 10 Min. gar ziehen lassen.
4. Inzwischen den Apfel schälen, das Kerngehäuse entfernen und das Fruchtfleisch reiben.
5. Die Sahne steif schlagen. Den Meerrettich und den geriebenen Apfel vorsichtig unterziehen.
6. Filets mit der Meerrettichsauce servieren. Dazu kann man Kartoffeln und zerlassene Butter reichen.

Vorbereitungszeit: 15 Min.
Zubereitungszeit: 15 Min.

Pro Portion
1596 kJ / 380 kcal

Fischklösschen in feiner Brühe

750 g Fischabfälle (Gräten, Flossen, Köpfe)
1 Bund Suppengrün
1 Lorbeerblatt
einige Pfefferkörner
Salz
500 g Schleienfilets
1 Ei
2 EL Crème fraîche
Pfeffer aus der Mühle
2 Zitronen
1 kleine Dose Spargelabschnitte (250 g)
1 Msp Koriander
200 g Krabbenfleisch
1 EL gehackter Dill

1. Die gewaschenen Fischabfälle mit dem zerkleinerten Suppengrün, dem Lorbeerblatt und den Pfefferkörnern ca. 20 Min. in 1 1/2 l Salzwasser kochen.
2. Schleienfilets abspülen, trockentupfen und im Mixer pürieren.
3. Die Masse mit Ei und Crème fraîche verrühren und mit Salz, Pfeffer und Zitrone abschmecken.
4. Klößchen formen, in siedendes Salzwasser geben und 8 Min. bei kleinster Hitze garen.
5. Den abgetropften Spargel kurz in die Brühe geben, dann mit den Klößchen herausheben.
6. Klößchen, Spargel und Krabbenfleisch auf vorgewärmte Teller verteilen.
7. Die Fischbrühe durchsieben und mit Salz, Koriander und Zitronensaft abschmecken, verteilen und mit etwas Dill verfeinern.

Vorbereitungszeit: 10 Min.
Zubereitungszeit: 40 Min.

Pro Portion
4800 kJ / 1143 kcal

Herzhaftes Fisch-töpfchen

500 g Rotfeder, Barbe oder Bleie (Filets)
1/4 l Gemüsebrühe (Fertigprodukt)
1 Kringel unbehandelte Zitronenschale
6 Blatt Gelatine
3 EL gehackter Dill
Salat
Tomaten
Kresse

1. Filets abspülen und trockentupfen. In mundgerechte Stücke schneiden, salzen und pfeffern.
2. Gemüsebrühe aufkochen. Die Fischstücke zusammen mit der Zitronenschale in die Gemüsebrühe geben und ca. 10 – 12 Min. gar ziehen lassen. Mit Dill abschmecken.
3. Die Gelatine in kaltem Wasser einweichen und in der noch heißen Brühe auflösen.
4. Das Ganze in Töpfchen füllen und erstarren lassen.
5. Auf Salat und Kresse anrichten. Mit Tomaten garnieren.

Vorbereitungszeit: 10 Min.
Zubereitungszeit: 15 Min.

Pro Portion
1081 kJ / 257 kcal

Fischkroketten mit Estragonsauce

1 Kochbeutel Reis (125 g)
2 rote Zwiebeln
250 g Bleienfilet
50 g Butter
1 Tasse Fischfond
1/2 Glas Weißwein
2 Eigelb
3 – 4 EL geriebenes Toastbrot
2 EL gehackte Petersilie
1 EL gehackter Estragon
Salz
Pfeffer
2 Eier
2 EL Paniermehl
Fett zum Ausbacken
1/4 l helle Sauce

1. Reis kochen, Zwiebeln würfeln.
2. Das Fischfilet waschen, tockentupfen und in kleine Stücke schneiden. Salzen.
3. Zwiebelwürfel und Fisch in der Butter anschwitzen, herausnehmen und warm stellen.
4. Fond und Weißwein in den Bratensatz geben und auf die Hälfte reduzieren.
5. Dann mit Reis, Fisch, Eigelb und geriebenem Brot gut durchmischen. Mit den gehackten Kräutern (1/2 EL für die Sauce zurückbehalten), Salz und Pfeffer abschmecken.
6. Kroketten daraus formen, panieren und in einer Friteuse ausbacken.
7. Helle Sauce zubereiten, mit den restlichen Kräutern verfeinern. Zu den Kroketten servieren.

Vorbereitungszeit: 15 Min.
Zubereitungszeit: 35 Min.

Pro Portion
2412 kJ / 574 kcal

Karpfenterrine

1 Bund Suppengrün
200 g Rosenkohl
Salz
500 g Karpfenfilet
1 Becher Sahne (200 g)
Pfeffer aus der Mühle
1 Zitrone
Fett für die Form
1 Bund Basilikum
250 g Zanderfilet

1. Suppengrün bis auf Porree sehr fein würfeln. Die harten Strunkenden und die welken Außenblättchen des Rosenkohls abschneiden. Die Röschen waschen und abtropfen lassen. Das Gemüse in Salzwasser 1 Min. sprudelnd kochen.
2. Karpfenfilet im Mixer fein zerkleinern.
3. Eiswürfel in eine große Schüssel füllen. Den Fisch in einer kleineren Schüssel auf das Eis stellen. Die Sahne mit dem erkalteten Gemüse, außer dem Porree, unterrühren.
4. Die Fischfarce mit Salz, Pfeffer und Zitronensaft abschmecken.
5. Den Porree in Streifen schneiden und in eine gefettete Kastenform legen.
6. Die Hälfte der Fischfarce darauf streichen. Mit Basilikum belegen.
7. Zanderfilet salzen, pfeffern und darauf verteilen. Mit Basilikum abdecken. Restliche Fischfarce darüber streichen.
8. Form verschließen und in die mit heißem Wasser gefüllte Fettpfanne des Backofens stellen. Dann bei 175°C (Gas Stufe 2) 1 Stunde garen und dann gut abkühlen lassen.

Vorbereitungszeit: 15 Min.
Zubereitungszeit: 20 Min.

Pro Portion
1770 kJ / 421 kcal

Rotfedernfilets aus dem Ofen

3 Scheiben Toastbrot
2 El gehackte gemischte Kräuter
Salz, weißer Pfeffer
2 Fleischtomaten
400 g Rotfedernfilets
Fett fürs Blech
80 g Butter
200 g Camembert
1/4 l Weißwein
2 EL Crème fraîche

1. Toastbrot rösten, entrinden und fein reiben.
2. Kräuter mit dem Brot vermischen. Mit Salz und Pfeffer abschmecken.
3. Tomaten überbrühen, enthäuten, entkernen und fein würfeln.
4. Rotfedernfilets waschen, trockentupfen, in vier Stücke schneiden und mit Salz und Pfeffer würzen. Auf ein gefettetes Backblech legen.
5. Fischfilets mit etwas zerlassener Butter bestreichen. Weichkäse in dünne Scheiben schneiden und auf den Fisch legen. Mit der Kräuterfarce bestreichen; mit Tomatenwürfeln bestreuen. Mit der restlichen zerlassenen Butter beträufeln.
6. Weißwein angießen und im vorgeheizten Ofen (E-Herd: 250° C Gasherd: Stufe 5) 10 – 15 Min. backen.
7. Filets auf Teller verteilen, warm stellen.
8. Sud durch ein Sieb gießen, mit Salz und Pfeffer abschmecken und mit Crème fraîche verfeinern.

Vorbereitungszeit: 15 Min.
Zubereitungszeit: 30 Min.

Pro Portion
2216 kJ / 527 kcal

Fisch-Tomaten-Auflauf

50 g Butter
600 g Tomaten
etwas Salz
Pfeffer
1 TL gehacktes Basilikum
1 TL gehackter Oregano
1 EL Kapern
2 EL Tomatenmark
je 1 EL gehackter Dill und Petersilie
4 Scheiben Bleiefilets (je 200 g)
1/2 Glas Weißwein
100 g geriebener Emmentaler

1. Eine feuerfeste Form mit 10 g Butter ausstreichen

2. Tomaten waschen, in Scheiben schneiden und dachziegelartig übereinandergelegt einschichten.

3. Mit Salz, Pfeffer, Basilikum und Oregano gut würzen.

4. Kapern darauf verteilen. Tomatenmark mit der restlichen Butter, Dill, Petersilie, etwas Salz und Pfeffer verrühren.

5. Auf die Tomaten streichen und die Filets darauf legen.

6. Wein angießen und im Ofen bei 220°C etwa 15 Min. garen. Den geriebenen Käse darüber streuen und 5 Min. weitergaren.

Vorbereitungszeit: 10 Min.
Zubereitungszeit: 30 Min.

Pro Portion
1976 kJ / 470 kcal

Fischgulasch

2 Zwiebeln
2 EL Öl
1 Dose geschälte Tomaten (270 g)
2 EL gehackter Dill
Salz
Pfeffer aus der Mühle
Piment (gemahlen)
2 EL getrockneter Majoran
Zucker
600 g Barbenfilet
1 Zitrone

1. Zwiebel schälen und in kleine Würfel schneiden. Das Öl in einem Topf erhitzen und die Zwiebelwürfel darin andünsten.

2. Tomaten mit der Flüssigkeit zu den Zwiebeln geben, mit der Gabel zerdrücken und bei mittlerer Hitze zerkochen lassen. Dill hinzufügen und mitköcheln lassen. Mit Salz, Pfeffer, Piment, Majoran und einer Prise Zucker abschmecken.

3. Das Fischfilet waschen, trockentupfen und in größere Würfel schneiden. Mit dem Saft einer Zitrone beträufeln und salzen. Zu den Tomaten geben und bei niedriger Hitze etwa 5 Min. gar ziehen lassen. Vorsichtig umrühren.

Vorbereitungszeit: 5 Min.
Zubereitungszeit: 20 Min.

Pro Portion
973 kJ / 231 kcal

Raubfische

Raubfische, ob groß oder klein, sind kampflustig und immer hungrig. Für eine schmackhafte Beute wagen sie sogar einen eleganten Sprung über das Wasser.

Forelle in Weincreme

1/2 kleine Honigmelone
400 g Forellenfilet
30 g Butter
Salz
frisch gemahlener Pfeffer
2 EL Zitronensaft
1/2 Becher Sahne (100 g)
2 Eigelb
3 EL Weißwein
1/2 TL Speisestärke
1 TL rote Pfefferkörner und Zitronenschalen

1. Melonenkerne entfernen, aus dem Fleisch kleine Kugeln ausstechen.
2. Fisch abspülen und trockentupfen. Ein großes Stück Alufolie mit 10 g Butter bestreichen. Die Fischfilets darauf legen. Mit Salz und Pfeffer würzen und mit 1 EL Zitronensaft beträufeln.
3. Die Folie locker verschließen und die Filets im vorgeheizten Backofen bei 220 °C 12 Min. garen.
4. Für den Weinschaum die Sahne schlagen. Eigelb, Weißwein, 1 EL Zitronensaft und Speisestärke schaumig schlagen. Restliche Butter dazugeben.
5. Im heißen Wasserbad weiterschlagen, bis die Mischung cremig und hellgelb ist.
6. Die Sahne vorsichtig unterheben und salzen.
7. Die Fischfilets auf Teller legen und den Weinschaum ringsherum verteilen.
8. Mit roten Pfefferkörnern, Melonenkugeln und dünn abgezogener Zitronenschale garnieren.

Vorbereitungszeit: 15 Min.
Zubereitungszeit: 30 Min.

Pro Portion
1162 kJ / 276 kcal

Aspik-Forellen

1 Zwiebel
1 kleines Stück Sellerieknolle
2 Möhren
300 g Fischabfälle (Köpfe, Gräten, Schwänze)
1 Lorbeerblatt
1 TL Pfefferkörner
1/8 l Weißwein
1 TL Salz
8 kleine Forellenfilets
7 Blatt weiße Gelatine
Salz und Zucker
1 EL Essig
1 Porreestange
1 Zweig Estragon
6 Zitronenscheiben

1. Zwiebel, Sellerie und Möhre schälen und in Stücke schneiden.
2. Mit den Fischabfällen, Lorbeerblatt, Pfefferkörnern in 1/2 l Salzwasser 15 Min. bei schwacher Hitze kochen.
3. Die Brühe durch ein Sieb gießen. Wein hinzufügen, mit Salz würzen.
4. Forellenfilets darin etwa 8 Min. ziehen lassen. Dann herausnehmen und warm stellen.
5. Die Gelatine in kaltem Wasser einweichen, ausdrücken und in etwas heißer Fischbrühe auflösen. Zum Fischsud geben und mit Salz, Essig und Zucker abschmecken.
6. Möhre und Porree in Streifen schneiden und in Salzwasser 3 Min. kochen.
7. Das noch flüssige Aspik darüber gießen und mit Estragon und Zitronenscheiben garnieren.

Vorbereitungszeit: 20 Min.
Zubereitungszeit: 35 Min.

Pro Portion
1679 kJ / 399 kcal

Forelle in Blätterteig

1 kg Spitzkohl
2 EL gehackte Zwiebeln
100 g Butter
Salz
Pfeffer
4 Forellenfilets
8 Scheiben tiefgefrorener Blätterteig
1 Ei
4 mittelgroße Tomaten

1. Den Spitzkohl putzen, waschen und abtropfen lassen.
2. Zwiebeln in Butter andünsten. Den Spitzkohl dazugeben und zusammenfallen lassen.
3. Fischfilets waschen, trockentupfen, salzen und pfeffern.
4. 1/3 des Spitzkohls auf je 2 Filets verteilen und die anderen Filets darauf legen.
5. Aus je 4 Scheiben Blätterteig je eine Teigplatte von 30 x 25 cm ausrollen und halbieren.
6. Dann das Ei trennen.
7. Auf zwei Teigplatten die Filets legen, die Teigränder mit Eiweiß bestreichen und die anderen Platten darüber legen. Zu einer Fischform ausschneiden.
8. Den Blätterteig mit Eigelb bestreichen.
9. Auf ein mit kaltem Wasser abgespültes Backblech legen. Im vorgeheizten Backofen bei 225 °C 30 – 35 Min. backen.
10. Tomaten überbrühen, enthäuten, entkernen und in Stücke schneiden. Zum Spitzkohl geben und kurz erhitzen.
11. Die Fischpastete mit dem Gemüse anrichten.

Vorbereitungszeit: 20 Min.
Zubereitungszeit: 60 Min.

Pro Portion
4305 kJ / 1025 kcal

Hausgebeizte Forellenfilets

2 – 4 Forellen (etwa 800 g, vom Fischhändler Kopf, Schwanz und Mittelgräte entfernen lassen)
Salz
frisch gemahlener weißer Pfeffer
15 Wacholderbeeren
1 – 2 TL Zucker
2 Bund Dill

1. Forellen waschen und trockentupfen. Die restlichen Gräten entfernen.
2. Mit der Hautseite nach unten auf einen Teller oder eine Platte legen. Mit Salz und Pfeffer bestreuen.
3. Wacholderbeeren zerdrücken und mit Zucker vermischen.
4. Dill abspülen, trockentupfen, fein schneiden und zusammen mit der Wacholdermischung auf dem Fisch verteilen.
5. Das andere Filet mit der Hautseite nach oben darauf legen und fest zusammendrücken. Gut abgedeckt 20 – 24 Std. im Kühlschrank gut durchziehen lassen.
6. Zum Servieren die gebeizten Forellenfilets in hauchdünne Scheiben schneiden. Dabei von der Haut ablösen.

Vorbereitungszeit: 20 Min.
Kühlzeit: 24 Std.

Pro Portion
856 kJ / 204 kcal

Dürnsteiner Fischsuppe

1 kg Welsfilet
1 Zitrone
Salz
Pfeffer
3 EL Wasser
10 Safranfäden
1 Schalotte
1 Knoblauchzehe
20 g Butter
1/2 l Weißwein
1 Lorbeerblatt
2 Nelken
1 Zweig Dill
1 Sträußchen Petersilie
1 l Wasser
Salz
Pfeffer
200 g Staudensellerie
250 g Zucchini
250 g Kirschtomaten
2 EL grob gehackte Petersilie

1. Die Fischfilets waschen, trockentupfen, mit dem Saft einer Zitrone beträufeln, salzen und pfeffern und abgedeckt im Kühlschrank ca. 15 Min. durchziehen lassen.
2. Die Safranfäden in 3 EL Wasser einweichen.
3. Die Schalotte schälen und in feine Ringe schneiden. Die Knoblauchzehe schälen und durchpressen. Butter in einem Topf bei geringer Hitze schmelzen. Zwiebel und Knoblauch darin unter Rühren glasig dünsten.
4. Den Weißwein zugießen, Lorbeerblatt und Nelken hineingeben. Den Dill und die Petersilie ebenfalls dazugeben. Ohne Deckel einkochen lassen und anschließend durch ein Sieb passieren. Mit Wasser aufgießen, aufkochen lassen, mit Salz und Pfeffer würzen.
5. In der Zwischenzeit den Staudensellerie in einzelne Stengel zerteilen, holzige Stellen wegschneiden, waschen und das Gemüse in feine Streifen schneiden. Zucchini waschen und in

Scheiben schneiden. Sobald die Suppe zu sieden beginnt, das vorbereitete Gemüse und die Safranfäden mit der Einweichflüssigkeit zufügen. Das Ganze 15 Min. bei mittlerer Hitze garen.

6. Tomaten kurz in siedendes Wasser tauchen, schälen und halbieren.

7. Die Fischfilets trockentupfen, in mundgerechte Stücke schneiden und mit den Tomaten in die Suppe geben. Anschließend auf kleinster Flamme ca. 10 – 12 Min. ziehen lassen.

8. Zum Schluß die grob gehackte Petersilie überstreuen.

Vorbereitungszeit: 25 Min.
Zubereitungszeit: 45 Min.

Pro Portion
1875 kJ / 446 kcal

Burgunder Fischragout

500 g Fischabfälle
2 Lauchzwiebeln
1 Bund Petersilie
1 Lorbeerblatt
2 – 3 Gewürznelken
3 Knoblauchzehen
1/4 l Weißwein
2 EL Zitronensaft
1/8 l Wasser
1 TL weiße Pfefferkörner
Salz
2 Aalfilets
2 Hechtfilets
2 Forellenfilets
4 Scheiben Toastbrot
50 g Knoblauchbutter (Fertigprodukt)

1. Fischabfälle mit den Zwiebeln, Petersilie, Lorbeerblatt, Nelke und Knoblauch in einen Topf geben, kurz anrösten.

2. Wein, Zitronensaft und Wasser hinzufügen und 30 Min. köcheln lassen. Zehn Min. vor Schluß die Pfefferkörner hinzufügen.

3. Den Fond durchpassieren. Mit etwas Salz abschmecken. Die Aalfilets in Stücke schneiden und zusammen mit den anderen Fischfilets im siedenden Fond etwa 5 – 8 Min. pochieren.

4. Den Fond reduzieren.

5. Toastbrot in Knoblauchbutter anrösten, in Würfel schneiden und den Fisch darauf anrichten. Sauce darüber geben.

Vorbereitungszeit: 5 Min.
Zubereitungszeit: 55 Min.

Pro Portion
2752 kJ / 655 kcal

Renkenfilets vom Seewirt

2 Zwiebeln (in Würfel geschnitten)
je 1/8 l trockener Weißwein und Kalbfleischfond (Fertigprodukt)
4 Eigelb
4 EL Senf
je 2 TL Senfpulver und Zitronensaft
1 Zitrone
Salz und Pfeffer
2 EL Mehl
40 g Butterschmalz
1/4 l Weißwein

1. Die Zwiebeln mit Wein und Fond auf die Hälfte einkochen.
2. Etwas abkühlen lassen, durchsieben. Eigelb zugeben und im Wasserbad aufschlagen.
3. Flüssige Butter zufügen.
4. Mit Senf, Senfpulver und Zitronensaft abschmecken.
5. Fisch waschen, säuern und würzen. Im Mehl wenden und abklopfen.
6. Dann die Filets in Butterschmalz und Weißwein ca. 8 Min. dünsten.

Vorbereitungszeit: 10 Min.
Zubereitungszeit: 5 Min.

Pro Portion
2732 kJ / 650 kcal

Zanderschnitten mit Sauerampfer

4 Zanderfilets
Zitronensaft
Pfeffer
2 Zwiebeln
40 g Butter
1/4 l Weißwein
8 EL frische gehackte Kräuter (Kerbel, Basilikum und Estragon)
125 g Butter
Salz
Pfeffer
Zucker
500 g Sauerampfer
20 g Butter
1/8 l Sahne
Pfeffer, Salz
125 g durchwachsener Speck

1. Zanderfilets waschen, trockentupfen, säubern und pfeffern.
2. Für die Sauce Zwiebeln würfeln und in Butter anschwitzen. Wein dazugießen und auf die Hälfte einkochen.
3. Kräuter zufügen und die Butter flöckchenweise in den Fond geben.
4. Schmelzen lassen und abschmecken.
5. Sauerampfer waschen und in Streifen schneiden. In Butter andünsten und mit Sahne und Gewürzen 8 Min. dünsten.
6. Den Speck auslassen und über den Sauerampfer geben.
7. Zanderfilets salzen und im heißen Butterschmalz von beiden Seiten 4 Min. dünsten.

Vorbereitungszeit: 20 Min.
Zubereitungszeit: 35 Min.

Pro Portion
3489 kJ / 830 kcal

Barsch auf ungarische Art

500 g Kartoffeln
2 rote Paprikaschoten
1 grüne Peperoni
4 Tomaten
2 Zwiebeln
20 g Butter
1/8 l klare Brühe (Fertigprodukt)
1 küchenfertiger Barsch (ca. 1 kg)
2 EL Zitronensaft
1 Becher Sahne (200 g)
Salz
Pfeffer
1 TL Rosenpaprika

1. Kartoffeln waschen, schälen und in dünne Scheiben schneiden.
2. Paprikaschoten entkernen und abspülen. Peperoni und Tomaten waschen. Paprikaschoten und Peperoni in Streifen, Tomaten in Scheiben schneiden.
3. Zwiebeln schälen und in Ringe schneiden.
4. Eine große, feuerfeste Form einfetten und das Gemüse mit der Brühe hineingeben.
5. Fisch waschen, trockentupfen, säuern, salzen und pfeffern.
6. Auf das Gemüse legen und bei 200°C mit geschlossenem Deckel etwa 20 Min. garen.
7. Sahne mit Salz, Pfeffer und Paprika gut abschmecken. 10 Min. vor Ende der Garzeit dazugeben und alles in der offenen Form zu Ende garen.

Vorbereitungszeit: 15 Min.
Zubereitungszeit: 45 Min.

Pro Portion
2891 kJ / 688 kcal

HECHTTERRINE MIT MANGOLD

4 dünne Scheiben fetter Speck
175 g Hechtfilet
Zitronensaft
Pfeffer
250 g Mangold
Salz
1 Scheibe entrindetes Weißbrot
3 EL Sahne
250 g Forellenfilet
250 ml Sahne
Salz
Pfeffer
1 – 2 Zweige Dill
Möhren und Porree zum Garnieren
2 Blatt Gelatine
100 ml Fischfond (Fertigprodukt)
Salz
Zucker

1. Die Terrinenform mit 2/3 der Speckscheiben auslegen.
2. Das Hechtfilet säubern, säuern und pfeffern.
3. Mangoldstiele auseinanderschneiden. Nur die Blätter verwenden und die Rippen herausschneiden. Waschen, abtropfen lassen, grob hacken und mit etwas Salz und 4 EL Wasser 5 – 7 Min. dünsten.
4. Brot in der Sahne einweichen.
5. Forellenfilet zusammen mit Sahne, Salz und Pfeffer pürieren. Brot zerdrücken und unter die Forellenmasse rühren.
6. Mangold gut auspressen und pürieren. Mit der Hälfte der Forellenfarce verrühren.
7. Form mit je einer Schicht Forellen- und Mangoldfarce füllen.
8. Das Hechtfilet in die Mitte legen.
9. Die restliche Farce darüber streichen.
10. Mit Speck abdecken.
11. Die Terrine in ein Wasserbad stellen, und im Backofen bei 160° C etwa 30 Min. garen.
12. Kalt stellen und mit Dillzweigen, Möhren und Porree verzieren.
13. Gelatine in kaltem Wasser einweichen und in den heißen Fischfond geben. Mit Salz und Zucker abschmecken und über die kalte Terrine geben.

Vorbereitungszeit: 10 Min.
Zubereitungszeit: 70 Min.

Pro Portion
2543 kJ / 605 kcal

Forelle in Zitronencreme

4 kleine Forellen
(ca. 150 – 180 g)
Salz
Pfeffer
1 EL Butterschmalz
1 EL Zitronensaft
50 g Butter
40 g Mehl
1/4 l Sahne
1/4 l Weißwein
1 EL gehackte
Zitronenmelisse

1. Die Fische waschen, trockentupfen, innen und außen mit Salz und Pfeffer einreiben.
2. Das Butterschmalz in einer großen Pfanne erhitzen und die Forellen darin von beiden Seiten je 5 Min. braten. Die Fische mit Zitronensaft beträufeln und die Flüssigkeit einkochen lassen. Die Forellen herausnehmen und warm stellen.
3. Butter in die Pfanne geben und aufschäumen lassen. Das Mehl einrühren und mit Sahne und Wein ablöschen. Einmal aufkochen lassen. Zitronenmelisse unterheben.
4. Die Forellen anrichten und mit Sauce begießen.

Vorbereitungszeit: 10 Min.
Zubereitungszeit: 20 Min.

Pro Portion
2673 kJ / 636 kcal

Gefüllter Barsch

1 küchenfertiger Barsch
(ca. 1 kg)
Salz
1 Zitrone
3 EL gehackte Zwiebeln
20 g Butter
400 g Champignons
200 g Porree
Salz
Pfeffer
1 TL Mehl
2 EL Öl

1. Den Barsch waschen, trockentupfen und mit dem Saft einer Zitrone beträufeln. Innen und außen leicht salzen.
2. Die Zwiebeln in der Butter 5 Min. dünsten.
3. Die Champignons putzen und in Scheiben schneiden. Den Porree waschen und in Ringe schneiden.
4. Champignons und Porree zu den Zwiebeln geben und 10 Min. dünsten. Salzen und pfeffern. Dann das Mehl darunterrühren. Den Barsch mit der Masse füllen.
5. Ein Stück Alufolie mit Öl bepinseln und den Fisch darin locker einschlagen. Folienränder fest zusammenkniffen.
6. Im vorgeheizen Backofen bei 220° C ca. 20 Min. garen.

Vorbereitungszeit: 10 Min.
Zubereitungszeit: 40 Min.

Pro Portion
1828 kJ / 435 kcal

Hechtkoteletts „Anglers Traum"

4 Hechtkoteletts
Salz
Pfeffer
10 kleine, runde Kartoffeln
3 EL Öl
1/2 TL Salz
1/2 TL Zitronenpfeffer
2 Eier
2 – 3 EL Paniermehl
50 g Butterschmalz
Petersilie zum Garnieren

1. Hechtkoteletts schuppen und abspülen, salzen und pfeffern.
2. Kartoffeln schälen und in Öl rundherum anbraten, mit Salz und Zitronenpfeffer würzen.
3. Pfanne zudecken und den Fisch ca. 20 – 25 Min. garen.
4. In der Zwischenzeit die Eier verquirlen und die Hechtkoteletts erst in der Eimasse und dann in Paniermehl wenden.
5. Butterschmalz in einer zweiten Pfanne erhitzen und den Fisch von jeder Seite ca. 5 – 6 Min. braten.
6. Kartoffeln zum Fisch geben und mit Petersilie garnieren.

Vorbereitungszeit: 12 Min.
Zubereitungszeit: 45 Mir

Pro Portion
1037 kJ / 246 kcal

Bodensee-felchen mit Mandeln

4 kleine küchenfertige Felchen (jeweils 150 g)
Salz
Pfeffer
4 EL Mehl
3 EL Öl
100 g Feldsalat
2 Zwiebeln
375 g Tomaten
2 EL Essig
1 Bund Petersilie
4 EL gehobelte Mandeln
4 Scheiben Toast

1. Die Felchen waschen, trockentupfen, salzen und pfeffern; in Mehl wenden.
2. 2 EL Öl in einer Pfanne erhitzen und die Felchen darin von jeder Seite ca. 6 Min. braten.
3. Inzwischen den Feldsalat waschen und verlesen. Zwiebeln schälen und in Ringe schneiden. Tomaten waschen und in Achtel schneiden. Das Ganze in eine Schüssel geben.
4. Essig und das restliche Öl verrühren. Mit Salz und Pfeffer würzen.
5. Petersilie waschen, hacken, unter die Marinade rühren und über den Salat gießen. Vorsichtig mischen.
6. Felchen aus der Pfanne nehmen, warm stellen. Die Mandeln in dem Fett bräunen und über die Fische streuen.
7. Zusammen mit dem Salat und Toast servieren.

Vorbereitungszeit: 15 Min.
Zubereitungszeit: 25 Min.

Pro Portion
1944 kJ / 463 kcal

Gebackener Hecht auf westfälische Art

1 Zitrone
1 küchenfertiger Hecht (ca. 1 kg)
Salz
Pfeffer
3 Scheiben Schwarzbrot (Pumpernickel)
2 Knoblauchzehen
1 Bund Dill
2 EL milder Paprika
6 EL Öl
1 Gläschen Korn

1. Zitrone halbieren. Eine Hälfte in Spalten schneiden und die zweite Hälfte auspressen.
2. Den Fisch mit Zitronensaft beträufeln, salzen und pfeffern.
3. Schwarzbrot zerkrümeln. Die Knoblauchzehen hacken.
4. Dill waschen und einen Zweig in den Fisch geben. Den restlichen Dill fein hacken.
5. Brot, Knoblauch, Dill und Paprika mischen.
6. Einen Bräter mit 2 EL Öl auspinseln und einen Hecht hineinlegen.
7. Den Fisch viermal etwa 1 cm tief einschneiden. Die Zitronenspalten hineinstecken und den Schnaps hineinträufeln.
8. Brot-Gewürzmischung reichlich darüber verteilen und das restliche Öl darüber träufeln.
9. Den Hecht auf der mittleren Schiene des Backofens bei 200°C 30 – 40 Min. backen.

Vorbereitungszeit: 15 Min.
Zubereitungszeit: 45 Min.
Pro Portion
2034 kJ / 484 kcal

Zander mit Porreemus

4 Zanderfilets
2 Zitronen
Salz
60 g Butter
2 Stangen Porree
1/8 l Brühe (Fertigprodukt)
20 g Mehl
1/8 l trockener Weißwein
1 Becher Sahne (200 g)
Pfeffer
Muskat
Kümmel
Zitronenmelisse zum Garnieren

1. Den Fisch waschen, trockentupfen, mit dem Saft einer Zitrone beträufeln und salzen.
2. 30 g Butter in einer Pfanne erhitzen und die Fischfilets von jeder Seite etwa 10 Min. goldbraun braten.
3. Fisch herausnehmen, auf einer Platte anrichten und warm stellen.
4. Porree gründlich putzen, waschen und in Stücke schneiden. Zusammen mit der Brühe in die Pfanne geben, zum Kochen bringen und 8 Min. dünsten.
5. Gemüse mit dem Schneidstab des Handrührgerätes pürieren.
6. Restliche Butter in einem Topf erhitzen, Mehl hineingeben, kurz durchschwitzen lassen und unter Rühren mit Wein und Sahne ablöschen.
7. Porreemus unter die Sauce rühren und alles mit Salz, Pfeffer, Muskat und Kümmel würzen.
8. Zweite Zitrone waschen und in Scheiben schneiden. Das Porreemus über die Zanderfilets verteilen und mit den Zitronenscheiben und Zitronenmelisse garnieren.

Vorbereitungszeit: 10 Min.
Zubereitungszeit: 40 Min.
Pro Portion
2302 kJ / 548 kcal

WANDERFISCHE

Wanderfische sind schwimmende „Weltenbummler" und wahre Energiebündel. Auf dem langen Weg zurück zu ihren Geburtsgewässern verlieren sie weder die Orientierung noch lassen sie sich von Stromschnellen und sonstigen Hindernissen entmutigen.

Aal mit Chinakohl

1 kg frischer Aal (geputzt, gehäutet, in 5 cm lange Stücke geschnitten)
1 Zitrone
125 g Chinakohl
je 1 Bund Sauerampfer und Kerbel
je 1/2 Bund Thymian und Estragon
40 g Butter
1/4 l Weißwein
1 1/2 TL Salz
Pfeffer, 2 Eigelb

1. Aal waschen und mit dem Saft einer Zitrone beträufeln.
2. Vom Chinakohl das Strunkende abschneiden, welke Blätter entfernen, den Kohl waschen und abtropfen lassen, dann grob hacken.
3. Die Kräuter waschen, trockentupfen und fein schneiden. Chinakohl und Kräuter in zerlassener Butter 3 Min. dünsten.
4. Aal zufügen und bei geringer Hitze weitere 5 Min. dünsten.
5. Wein, Salz und Pfeffer zugeben und 15 Min. garen. Dann die Wärmezufuhr abstellen.
6. Eigelb verquirlen und langsam 3 EL Kochsud zugeben. Die Sauce damit binden.

Vorbereitungszeit: 10 Min.
Zubereitungszeit: 25 Min.

Pro Portion
3609 kJ / 859 kcal

Flämische Aal-Gemüse-Suppe

1 Zwiebel
1 Knoblauchzehe
2 EL Butter
250 g Rosenkohl
1 Dose Mais (285 g)
2 rote Paprikaschoten
1/4 l Weißwein
1 l klare Fleischbrühe (Fertigprodukt)
750 g küchenfertiger Aal (in 4 cm lange Stücke geschnitten)
Pfeffer

1. Zwiebel und Knoblauchzehe schälen, hacken und in Butter andüsten.
2. Beim Rosenkohl das Strunkende abschneiden, die welken Blättchen entfernen, Rosenkohl waschen und abtropfen lassen. Mais auf einem Sieb abtropfen lassen.
3. Paprika halbieren, entkernen und in Streifen schneiden.
4. Gemüse zu den Zwiebeln geben und weitere 5 Min. dünsten. Mit Wein und Brühe ablöschen und einmal aufkochen lassen.
5. Fischstücke in der Brühe 15 – 18 Min. garen.
6. In eine vorgewärmte Terrine füllen und noch heiß servieren.

Vorbereitungszeit: 15 Min.
Zubereitungszeit: 25 Min.

Pro Portion
4948 kJ / 1178 kcal

Geschmorter Aal holländisch

1 kg frischer Aal
1 Dose eingelegte Muscheln (125 g)
100 g Champignons
2 EL gehackte Kräuter (Dill, Kerbel, Basilikum, Petersilie)
Salz, Pfeffer
1 EL Öl
50 g gehackte Zwiebeln
1 Becher Crème double (125 g)
1 – 2 TL Kaviar
2 cl Genever

1. Aal entgräten und in vier Stücke schneiden.
2. Muscheln abgießen, Flüssigkeit auffangen und bereitstellen. Champignons putzen, beides hacken und mit den Kräutern vermischen.
3. Den Aal damit füllen, mit Küchengarn umbinden, pfeffern und salzen.
4. Alufolie einölen, Zwiebeln und Aalstücke darauf legen und einschlagen.
5. Bei 220° C im Ofen etwa 25 Min. garen.
6. Fisch warm stellen. Den Sud auffangen. Muschelmarinade, Crème double und Kaviar hineinrühren, kurz aufkochen und mit Genever abschmecken.

Vorbereitungszeit: 25 Min.
Zubereitungszeit: 35 Min.

Pro Portion
3686 kJ / 877 kcal

Gedünsteter Aal mit Fenchel

650 g frischer Aal
Salz
4 EL Öl
1 Gemüsezwiebel
1 Fenchelknolle
4 Tomaten
Pfeffer
1 Knoblauchzehe
1/8 l Brühe (Fertigprodukt)
Fenchelgrün

1. Den Fisch in Portionsstücke schneiden und leicht salzen.
2. Öl erhitzen.
3. Die Zwiebel schälen und in Würfel schneiden.
4. Bei der Fenchelknolle die harten Stengel und den Strunk abschneiden, waschen (das Grün hacken und beiseite stellen) und in Streifen schneiden.
5. Die Tomaten in Streifen schneiden.
6. In die Pfanne geben, salzen und pfeffern.
7. Zerdrückte Knoblauchzehe und die Brühe zufügen. 5 Min. in der offenen Pfanne kochen.
8. Die Fischstücke in die Sauce legen. Die Pfanne schließen und den Fisch 12 Min. bei kleiner Hitze gar ziehen lassen.
9. Mit Fenchelgrün bestreut servieren.

Vorbereitungszeit: 12 Min.
Zubereitungszeit: 20 Min.

Pro Portion
2738 kJ / 652 kcal

Feine Fischmousse

200 g geräucherter Aal
200 g Räucherlachs (geschnitten)
2 Zwiebeln
1 Becher Crème double (125 g)
1 Msp schwarzer Pfeffer
1 Msp Muskat
1 Becher Sahne (200 g)
2 EL gehackter Dill
Salz
Pfeffer
2 cl Weißwein
Dill und Tomaten zum Garnieren

1. Den Aal häuten, das Fleisch von der Mittelgräte lösen und in Stücke schneiden.
2. Die Lachsscheiben ebenfalls zerkleinern.
3. Die Zwiebeln schälen und grob hacken.
4. Zusammen mit dem Fisch und 2 El Crème double pürieren.
5. Restliche Crème double löffelweise unter das Fischpüree ziehen.
6. Mit Pfeffer und Muskat abschmecken, abdecken und 30 Min. kühl stellen.
7. Für die Sauce die Sahne steif schlagen und den Dill unterheben. Mit Salz, Pfeffer und Wein gut abschmecken.
8. Die Sauce auf einen Teller geben. Aus der Fischmousse mit einem Eßlöffel Klößchen ausstechen.
9. Auf die Sauce setzen und garnieren.

Vorbereitungszeit: 20 Min.
Zubereitungszeit: 15 Min.

Pro Portion
2274 kJ / 541 kcal

Holsteiner Kartoffel-auflauf

1,8 kg gekochte Kartoffeln
200 g Räucheraal
Fett für die Form
2 Becher Sahne (à 200 g)
2 Eier, Salz
2 EL gehackter Dill
2 Fleischtomaten
Pfeffer
Dill zum Garnieren

1. Kartoffeln pellen und in Scheiben schneiden.
2. Aal häuten, filetieren und in Streifen schneiden.
3. Kartoffeln und Aal in eine gefettete, ofenfeste Form schichten.
4. Sahne mit Eiern, Salz und gehacktem Dill verschlagen und dann darüber gießen.
5. Die Tomaten waschen, die grünen Stielansätze entfernen. Das Gemüse in Scheiben schneiden und schuppenartig auf den Auflauf legen.
6. Die Form mit Backpapier abdecken und in den Backofen stellen.
7. Auf 175° C schalten und etwa 25 Min. backen.
8. Papier entfernen und weitere 15 Min. backen.
9. Den Auflauf mit Pfeffer bestreuen und mit etwas Dill garnieren.

Vorbereitungszeit: 35 Min.
Zubereitungszeit: 45 Min.

Pro Portion
3313 kJ / 789 kcal

Tatar aus frischem Lachs

200 g frisches Lachsfilet
2 kleine Gewürzgurken
1 rote geschälte Zwiebel
ein Spritzer Worcestersauce
1 Eigelb
4 Scheiben Toastbrot
1 EL Öl
1 Zitrone

1. Lachsfilet und Gewürzgurken fein hacken.
2. Zwiebeln hacken.
3. Die drei Zutaten gut vermengen.
4. Das Öl mit der Worcestersauce verrühren und untermischen.
5. Das Lachstatar mit Pfeffer und Salz abschmecken und kalt stellen.
6. Das Eigelb in die Mitte setzen. Mit Toastbrot und Zitronenspalten servieren.

Vorbereitungszeit: 10 Min.
Zubereitungszeit: 10 Min.

Pro Portion
684 kJ / 163 kcal

Beschwipste Lachsschnitten

600 g Lachsfilets
2 EL Zitronensaft, Salz
2 rote Zwiebeln (gewürfelt)
1/2 Stange Lauch (in Ringe geschnitten)
1/2 l Riesling
2 Lorbeerblätter
1 TL weiße Pfefferkörner
200 g Sahne
1/8 l trockener Sekt
50 g Butter
Weintrauben und Zitronen zum Garnieren

1. Den Fisch mit Zitronensaft beträufeln und salzen.
2. Den Wein mit Zwiebeln, Lauch und Gewürzen auf die Hälfte einkochen und anschließend durchsieben.
3. Sahne zufügen und noch etwas einkochen. Vor dem Anrichten den Sekt zufügen.
4. Den Fisch in Butter von beiden Seiten je 4 Min. dünsten.
5. Die Lachsschnitten mit der Sauce anrichten. Mit Weintrauben und Zitronen garnieren.

Vorbereitungszeit: 12 Min.
Zubereitungszeit: 25 Min.

Pro Portion
3484 kJ / 829 kcal

Büsumer Lachspfanne

4 Lachsfilets
40 g Butter
Salz und Pfeffer
1/4 l Fischfond (Fertigprodukt)
1 Becher Sahne (200 g)
je 1 EL gehackter Dill und Schnittlauch
2 Eigelb
Salz
Pfeffer
100 g Nordseekrabben

1. Die Lachsfilets in Butter von jeder Seite drei Min. braten, leicht salzen und pfeffern.
2. Den Fischfond dazugießen und die Lachsfilets in 8 – 10 Min. gar ziehen lassen. Herausnehmen und warm stellen.
3. Unterdessen die Sahne um die Hälfte einkochen.
4. Knapp 1/4 l vom Fischsud zur Sahne geben und 2 Min. kochen.
5. Die Kräuter hineinrühren und aufkochen.
6. Die Sauce vom Herd nehmen und mit dem verschlagenen Eigelb legieren. Mit Salz und Pfeffer abschmecken. Die Krabben in der Sauce erwärmen.
7. Den Fisch in Stücke schneiden und zu der Sauce servieren.

Zubereitungszeit: 35 Min.

Pro Portion
3604 kJ / 858 kcal

GEBACKENE SEEFORELLE

1 Seeforelle
(ca. 1 - 1,2 kg)
Salz
Pfeffer
4 EL Öl
einige Stengel Basilikum,
Rosmarin und Thymian
2 Zitronen
2 Fleischtomaten
2 rote Zwiebeln
1 EL Butter
1/8 l Weißwein
1 Becher Crème fraîche
(150 g)
1 TL Dijonsenf
1 Lorbeerblatt

1. Die Forelle unter fließendem kaltem Wasser gründlich abwaschen, trockentupfen, innen und außen salzen und pfeffern.
2. Ein großes Stück Alufolie in der Mitte mit Öl einpinseln.

3. Den Fisch darauf legen und in den Bauch die Hälfte der gewaschenen und abgetropften Kräuter füllen. Die restlichen Kräuter fein hacken und zur Seite stellen.
4. Dünne Zitronenscheiben in einer Reihe schuppenartig auf den Fisch legen (dabei eine Zitronenhälfte übriglassen und den Saft auspressen).
5. Das restliche Öl über den Fisch gießen.
6. Die Folie einschlagen und so zusammenkniffen, daß kein Saft herausfließen kann.
7. Auf den mittleren Rost des vorgeheizten Backofens legen und bei 200° C 45 – 50 Min. backen.
8. In der Zwischenzeit die Sauce zubereiten: Die Tomaten häuten, entkernen und das Fleisch zu Mus hacken.
9. Die Zwiebeln schälen und fein hacken. In heißer Butter weich dünsten.
10. Mit Wein ablöschen und einkochen lassen.
11. Die Crème fraîche zugeben, den Senf einrühren, Lorbeerblatt zufügen und 10 Min. leicht köcheln lassen. Dann die Sauce durch ein Sieb streichen und warm stellen.
12. Nach Ende der Garzeit die Folie auf einer Seite öffnen und den Saft auffangen. Mit dem Tomatenmus und den gehackten Kräutern in die Sauce einrühren. Mit Salz, Pfeffer und Zitronensaft abschmecken.
13. Den Fisch in der Folie servieren und die Sauce getrennt dazu reichen.

Vorbereitungszeit: 25 Min.
Zubereitungszeit: 70 Min.

Pro Portion
2701 kJ / 643 kcal

Gebeizter Lachs mit Senfsauce

1 – 1 1/2 kg frischer Lachs (Mittelstück)
4 – 5 Bund frischer Dill
2 EL grobes Salz
5 EL Zucker
1 EL schwarze Pfefferkörner
100 g Parmaschinken
4 EL Kräuteressig
1 EL scharfer Senf
4 EL Öl
Salz
weißer Pfeffer
Zucker
1 EL frisch gehackter Dill

1. Das Lachsstück schuppen, der Länge nach durchschneiden, das Rückgrat und die Gräten entfernen. Waschen und trockentupfen.
2. Eine Lachsseite mit der Haut nach unten in eine große Schüssel legen.
3. Dill waschen, ausschütteln, auf den Fisch legen.
4. Das Salz mit 3 EL Zucker und den grobgemahlenen Pfefferkörnern gut mischen.
5. Auf dem Lachs verteilen und die zweite Seite, mit der Haut nach oben, darauf legen.
6. Mit Alufolie abdecken und einem Holzbrett beschweren. Der Lachs muß richtig gepreßt werden und mindestens 2 – 3 Tage marinieren.
7. Alle 12 Std. wenden und die Beize darüber gießen.
8. Für die Sauce den Schinken fein würfeln. Essig und Senf verrühren und das Öl langsam unterziehen.
9. Mit Salz, Pfeffer und Zucker abschmecken.
10. Schinkenwürfel mit Dill bestreuen und die Marinade darüber gießen, vorsichtig mischen.

Vorbereitungszeit: 15 Min.
Marinierzeit: 2 – 3 Tage

Pro Portion
3747 kJ / 892 kcal

Fischsuppe „Aalsmer“

1 Stange Lauch
2 Möhren
1/2 Sellerieknolle
1 TL getrocknetes Basilikum (Fertigprodukt)
1 l Fleischbrühe
300 g Lachsfilet
etwas Salz
250 g Räucheraal
2 EL Zitronensaft
1 Sträußchen Petersilie

1. Möhren, Sellerie und Lauch putzen, waschen. Lauch in Ringe, Möhren und Sellerie in Rauten schneiden.
2. Mit dem Basilikum in der Brühe gar kochen.
3. Lachsfilet waschen und trockentupfen, würfeln, salzen und 5–7 Min. in der Brühe gar ziehen lassen.
4. Räucheraal häuten, entgräten und zerpflücken. Ebenfalls in die Brühe geben und weitere 5 Min. ziehen lassen.

Vorbereitungszeit: 12 Min.
Zubereitungszeit: 35 Min.

Pro Portion
3581 kJ / 852 kcal

Russischer Fischsalat

5 mittelgroße Pellkartoffeln
4 Cornichons
300 g geräucherter Aal
4 Sardellenfilets
1 Glas rote Beete (350 g)
4 EL Rotweinessig
3 EL Öl
1 gehackte Zwiebel
Salz
Pfeffer
4 EL Mayonnaise
1/2 EL Keta-Kaviar

1. Kartoffeln pellen und würfeln.
2. Cornichons in Scheiben schneiden.
3. Geräucherten Aal häuten, filetieren und in Streifen schneiden. Sardellenfilets hacken.
4. Rote Beete kleinschneiden und alles mischen.
5. Für die Marinade den Essig und das Öl, die Zwiebel, Salz und Pfeffer mischen und über den Salat gießen.
6. 60 Min. ziehen lassen.
7. Mayonnaise mit Kaviar vermengen und dann hinzufügen.

Vorbereitungszeit: 15 Min.
Zubereitungszeit: 35 Min.

Pro Portion
2544 kJ / 605 kcal

Paddy's Feinschmecker-forelle

4 Forellenfilets
1 TL Salz
1/4 EL Pfeffer
einige Blättchen Koriander und Salbei
1/2 EL gehackter Kerbel
1 Gläschen Whisky
Fett für die Form
1 kleine Dose Champignons (250 g)
1 EL Butter
4 Scheiben Räucherlachs
4 EL Sahnemeerrettich
Zitronenscheiben

1. Die Forellenfilets mit Salz und Pfeffer einreiben.
2. Koriander, Salbeiblätter und Kerbel hacken.
3. Die Forellenfilets in eine eingefettete Form legen und die Kräuter darauf streuen. Mit Whisky beträufeln.
4. Die Forellenfilets bei 200°C 15 Min. backen. Warm stellen.
5. Die Champignons mit 1 EL Butter anbraten.
6. Räucherlachsscheiben mit Sahnemeerrettich bestreichen und zusammenrollen. Zusammen mit den Forellenfilets und den Champignons anrichten. Mit einigen Zitronenscheiben garnieren und möglichst sofort servieren.

Vorbereitungszeit: 15 Min.
Zubereitungszeit: 20 Min.

Pro Portion
822 kJ / 195 kcal

Kichererbsen-suppe mit Räucherlachs

1 EL getrocknete Morcheln
1 Dose Kichererbsen (500 g)
3 EL Olivenöl
2 EL Zitronensaft
1 TL getrocknetes Basilikum
2 Scheiben Räucherlachs
2 EL Crème fraîche

1. Pilze ca. 15 Min. in 1/4 l Wasser einweichen.
2. Kichererbsen abtropfen lassen und in dem Öl andünsten.
3. Zitronensaft und Basilikum hinzufügen. Pilze mit dem Einweichwasser unterrühren und etwa 5 Min. köcheln lassen.
4. Suppe pürieren.
5. Den Räucherlachs in feine Streifen schneiden.
6. Die Suppe in Tassen oder in Teller füllen und die Lachsstreifen hineingeben. Mit Crème fraîche verfeinern.

Vorbereitungszeit: 20 Min.
Zubereitungszeit: 15 Min.

Pro Portion
2293 kJ / 546 kcal

Fischbällchen mit süss-saurer Sauce

500 g Lachs- oder Aalfilet
1 Knoblauchzehe
1 Eiweiß
2 eingeweichte Brötchen
Salz
Pfeffer
1 rote Pfefferschote
50 g eingeweichte Muerr-Pilze
1 Möhre
1 Zwiebel
1/2 Tasse Erbsen (TK-Produkt)
2 EL Sojaöl

Für die Sauce:

2 EL Kräuteressig
2 TL brauner Zucker
1 EL Sojasauce
2 EL Tomatenketchup
150 ml Fischfond (Fertigprodukt)
1 TL Speisestärke

1. Grob gewürfeltes Fischfleisch mit Knoblauchzehe, Eiweiß und Brötchen pürieren, salzen, pfeffern und kühl stellen.
2. Pfefferschote hacken.
3. Aus der Fischmasse Bällchen formen und in der gehackten Pfefferschote wälzen.
4. Pilze in Streifen, Möhren in Dreiecke und Zwiebel ebenfalls in Streifen schneiden.
5. Zusammen mit den Erbsen in Öl braten.
6. Die Saucenzutaten verquirlen und aufkochen.
7. Zusammen mit den Fischbällchen auf einer vorgewärmten Platte anrichten und servieren.

Vorbereitungszeit: 20 Min.
Zubereitungszeit: 20 Min.

Pro Portion
1721 kJ / 409 kcal

SALZWASSERFISCHE

Salzwasserfische sind eine gute, aber nicht unerschöpfliche Gabe der Natur. Ihr Lebensraum, das Meer ist eine Welt für sich. Es bietet einen unglaublichen Reichtum an edlen Genüssen. Kochen mit Fisch ist daher bei dieser Vielfalt ein Erlebnis.

Salzwasserfische liegen in der Gunst des Verbrauchers nach wie vor an der Spitze. Da die Fangergebnisse der einzelnen Arten je nach Witterung und Jahreszeit sehr unterschiedlich sind, differieren auch die Preise für frischen Fisch sehr stark. Günstige Angebote sollten Sie nutzen. Es handelt sich nicht um minderwertige Ware, sondern um einen besonders reichlichen Fang.

Seezunge

Heilbutt

Plattfische

Flunder

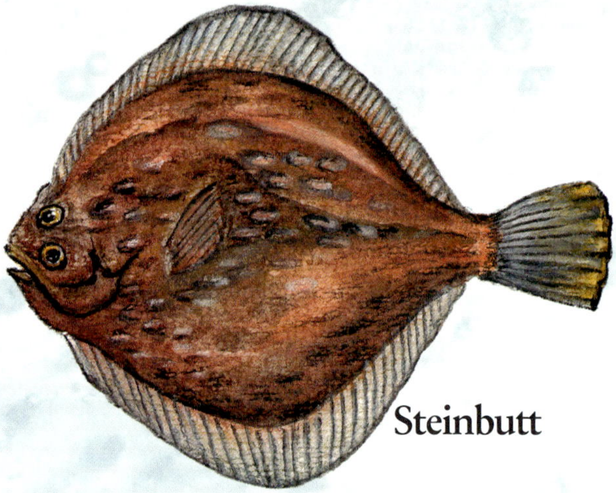

Steinbutt

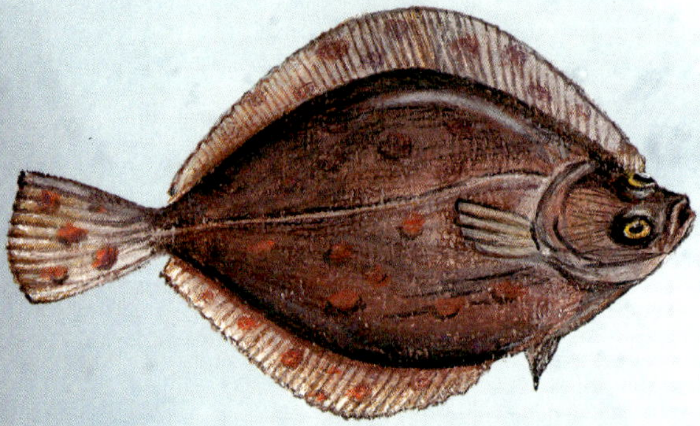

Scholle

Rotzunge

Rundfische

Seehecht

Rotbarsch

Seelachs

Kabeljau

Schellfisch

Seeteufel

Steinbeißer

Wittling

Lengfisch

Schwarmfische

Thunfisch

Hering

Makrele

Sprotte

Sardine

WARENKUNDE

Der Siegeszug von Hochseefischen wie Kabeljau (Dorsch), Rotbarsch und Seelachs in deutsche Kochtöpfe hält nach wie vor an.
Dabei ist Fisch nicht gleich Fisch! Bei genauerem Hinsehen unterscheiden sie sich im Aussehen und in der Farbe des Fleisches, außerdem schmeckt jeder ein bißchen anders nach "Salz, Meer und Wind".
Der Kabeljau oder Dorsch, wie er an der Ostsee heißt, hat beispielsweise einen zarten Eigengeschmack und festes, weißbläuliches Fleisch.
Nachdem er lange Zeit zu Unrecht ein Schattendasein geführt hat und als "Allerwelts-Fisch" galt, hat ihn endlich auch die feine Küche entdeckt.
Rotbarsch ist zart un saftig im Fleisch, im Aussehen weiß mit einem leichten Gelbschimmer sowie angenehm und fein im Geschmack.
Der Seelachs ist unverwechselbar mit seinem ausgeprägten Geschmack und dem grauen, langfaserigen Fleisch.

Fischfleisch ist von Natur aus immer zart und saftig. Trockene und zähe Speisefische gibt es gar nicht. Bei falscher Zubereitung kann viel verdorben werden. Ein zu langes und zu heißes Garen macht aus dem schmackhaftesten Fisch ein zähes und fast ungenießbares Etwas.
Warum dies so ist, läßt sich an einem Beispiel ganz einfach erklären:
Fisch enthält viel Eiweiß, das beim Erhitzen gerinnt. So ähnlich ist es auch beim Eierkochen. Ein Vier-Minuten-Ei ist wachsweich und die Zierde eines jeden Frühstücks. Nach 7 – 8 Minuten Kochzeit ist das Eigelb fest, aber noch immer cremig. Nach 12 Minuten wird das Eiweiß zäh und das Eigelb trocken.
Denken Sie vor der Zubereitung immer an die drei "S" – säubern, säuern, salzen.
Gesäubert wird der Fisch schnell und nach Möglichkeit unter fließendem kaltem Wasser (siehe unter Vorbereitung). Gesäuert wird mit Zitronensaft, damit das Fischfleisch weiß und fest wird. Beim Salzen wird der Saft im Fisch gebunden, und dieser bleibt folglich bei der Zubereitung schön saftig.

Übrigens können Sie mit Zitronensaft auch den lästigen Fischgeruch von den Händen entfernen.

Hier noch eine kleine Faustregel, wieviel Gramm Fisch pro Person anzusetzen sind:

Fisch im Ganzen	= 300 – 400 g
Fischfilet	= 200 – 250 g
Fischragout	= 150 – 200 g

Fisch ist nicht nur ein sehr gesundes, sondern auch ein kostengünstiges Nahrungsmittel, weil Sie ihn praktisch bis zur letzten Gräte verwenden können. Gräten sind nämlich nicht nur lästig, sondern ein sehr nützlicher Abfall und die Grundlage für einen kräftigen Fond.
Wenn Ihnen Ihr Fischhändler den Fisch küchenfertig vorbereitet hat, lassen Sie sich die Köpfe und Gräten einpacken. Für eine ordentliche Portion Fischbrühe, die Sie auf Vorrat kochen und portionsweise einfrieren können (in kleine Joghurtbecher oder in den Eiswürfelbehälter), benötigen Sie:

- ca. 1,5 kg Fischabfälle (Kopf, Gräten u.ä.)
- 1/2 l Weißwein
- 2 l Wasser
- 500 g Wurzelgemüse (kleingeschnittene Zwiebel, Porree, Mohrrüben, Sellerie)

- Kräutersträußchen (am besten frisch) aus Thymian, Rosmarin, Estragon, Petersilie
- 3 Lorbeerblätter
- Pimentkörner
- frisch gemahlener Pfeffer
- Salz

Fischabfälle mit Wasser, Wein und den Gewürzen zum Kochen bringen. Ca. 40 Min. auf kleiner Flamme köcheln lassen, dann das kleingeschnittene Gemüse dazugeben und weitere 20 Min. langsam weiterkochen. Kräutersträußchen hineingeben und noch 7 – 10 Min. mitkochen lassen. Durch ein Sieb passieren, sofort weiterverwenden oder bevorraten.
Einen Wurzelsud für Kochfisch können Sie auf gleiche Art zubereiten. Fügen Sie noch Petersilienwurzeln, einige Wacholderbeeren und einen guten Teelöffel Senfkörner zu dem bereits erwähnten Rezept hinzu. Dann kochen Sie alles 35 Min. nur in Wasser auf und schmecken anschließend mit Salz und Zitronensaft ab. Lassen Sie den Fisch darin knapp unter dem Siedepunkt gar ziehen, aber auf keinen Fall mehr kochen.
Ganz vermeiden läßt sich Fischgeruch während der Zubereitung nicht. Wenn Sie während des Kochens zwischen Topfrand und Deckel ein mit Essig getränktes Tuch legen, wird aus dem Geruch jedoch ein zartes, appetitanregendes Aroma.

Geschmorter Stauden-sellerie

50 g gehackte Zwiebeln
1 gehackte Knoblauchzehe
2 EL Butter
1 Staude Stangensellerie
1 Becher Crème fraîche (150 g)
Salz
Pfeffer
1/2 Glas Weißwein

1. Zwiebel und Knoblauch in Butter 5 Min. dünsten.
2. Stangensellerie in dünne Scheiben schneiden. Zur Zwiebel geben.
3. Crème fraîche, Salz, Pfeffer und Wein verrühren, unter den Sellerie mischen und im vorgeheizten Ofen bei 200° C 10 Min. zugedeckt schmoren lassen.

Vorbereitungszeit: 5 Min.
Zubereitungszeit: 20 Min.

Pro Portion
946 kJ / 225 kcal

Safran-nudeln

3 EL Mehl
3 EL Butter
1/4 l Fischfond (Fertigprodukt)
1/4 l Weißwein
1/2 Becher Crème fraîche (75 g)
Salz
weißer Pfeffer
2 – 3 Safranfäden
400 g Bandnudeln
4 EL Butter
1 Zitrone
2 EL feingehackte Zitronenmelisse

1. Mehl mit 3 EL Butter gut anschwitzen und mit Fischfond und Weißwein ablöschen.
2. Crème fraîche unterrühren und alles 5 Min. zu einer Sauce verkochen.
3. Mit Salz, Pfeffer und Safran abschmecken und warm stellen.
4. Die Nudeln nach Vorschrift kochen, kurz mit kaltem Wasser abspülen und gut abtropfen lassen.
5. 4 EL Butter in einer Pfanne erhitzen und die Nudeln darin erwärmen.
6. Mit Salz, Pfeffer, Zitronensaft und der feingehackten Zitronenmelisse würzen.
7. Die Sauce darunterheben und servieren.

Vorbereitungszeit: 5 Min.
Zubereitungszeit: 20 Min.

Pro Portion
3402 kJ / 810 kcal

Französischer Gemüsesalat

4 Möhren
2 Zucchini
400 g frische Champignons
2 Zwiebeln
1 Knoblauchzehe
3 EL Öl zum Dünsten
Salz
Pfeffer
2 EL gehackter Thymian
3 EL Essig
1 EL Öl

1. Möhren waschen und schälen, Zucchini und Champignons abspülen, Zwiebeln und Knoblauch schälen und dann alles kleinschneiden.
2. Das Öl in einer Pfanne erhitzen, die zerkleinerten Zutaten darin so weich dünsten, daß sie noch Biß haben. Mit Salz, Pfeffer und Thymian kräftig abschmecken.
3. Den Salat noch warm mit Essig und Öl anmachen und sofort servieren.

Vorbereitungszeit: 10 Min.
Zubereitungszeit: 25 Min.

Pro Portion
746 kJ / 177 kcal

Kartoffelplätzchen mit Kräuterremoulade

500 g gekochte, zerstampfte Kartoffeln
60 g Butter
2 Eier, 4 EL Milch
150 g Mehl
Salz, Pfeffer
2 EL gehackte Petersilie
Butterschmalz zum Ausbacken

Für die Kräuterremoulade:
1 hartgekochtes Ei
1 kleiner Apfel
2 Cornichons
1 Bund Kerbel
1 Bund Estragon
1 Bund Basilikum
1 kleines Glas Kapern (10 – 15 Stück)
125 g Mayonnaise
1 Becher Joghurt (150 g)
Salz, weißer Pfeffer
1 Prise Zucker

1. Die warmen Kartoffeln mit Butter, Eiern, Milch und Mehl kräftig verrühren, mit Salz und Pfeffer abschmecken und mit der Petersilie verfeinern.
2. Aus dem Teig Plätzchen formen und in dem Butterschmalz ausbacken.
3. Für die Kräuterremoulade das hartgekochte Ei hacken. Den Apfel waschen, schälen, das Kerngehäuse entfernen und würfeln. Die Cornichons ebenfalls kleinschneiden.
4. Die Kräuter waschen, trockentupfen, die Blättchen von den Stengeln zupfen und grob hacken.
5. Kapern abtropfen lassen. Mayonnaise und Joghurt glattrühren und mit den übrigen Zutaten mischen. Mit Salz, Pfeffer und Zucker kräftig abschmecken.

Vorbereitungszeit: 10 Min.
Zubereitungszeit: 25 Min.

Pro Portion
2841 kJ / 676 kcal

Plattfische

Plattfische sind in der Fischfauna eine Besonderheit. Als Larve noch symmetrisch, entwickelt der Jungfisch die extrem zusammengedrückte Körperform. Er schwimmt dann in der für diese Art typischen Seitenlage, wobei eine Körperseite dem Meeresboden zugewandt ist.

Ewerscholle

50 g durchwachsener Speck
1 EL Öl
300 g Staudensellerie
300 g Frühlingszwiebel
150 g Tomaten
Salz
Pfeffer
2 cl Weißwein
8 Schollenfilets
Salz
60 g Butter
1 EL gehackter Dill

1. Speck in Öl auslassen.
2. Selleriestangen putzen, waschen, kleinschneiden und im Speckfett 5 Min. dünsten.
3. Frühlingszwiebeln in Ringe schneiden und Tomaten schälen. Beides zum Sellerie geben.
4. Salzen und pfeffern und mit dem Wein 10 Min. dünsten.
5. Unterdessen Schollen salzen und in Butter braun braten.
6. Dill unter das Gemüse ziehen und über die Schollen verteilen.

Vorbereitungszeit: 15 Min.
Zubereitungszeit: 25 Min.

Pro Portion
1634 kJ / 389 kcal

Gedünstete Schollenfilets „Mexikanisch"

800 g Schollenfilets
Saft von 1 Zitrone
Salz
1/4 l Weißwein
1/2 l Wasser
1 Lorbeerblatt
8 Pfefferkörner
1 Knoblauchzehe
500 g TK-Balkangemüse-Mischung
1 Becher Sahne (200 g)
1/2 TL Chilipulver

1. Schollenfilets säubern, säuern und salzen.
2. Wein mit Wasser und den Gewürzen köcheln.
3. Die Filets bei kleinster Hitze 8 Min. darin ziehen lassen, herausnehmen und warm stellen.
4. Sud durchsieben, das Gemüse dazugeben und dann um die Hälfte einkochen lassen.
5. Sahne hinzufügen, kurz aufkochen und mit Chili pikant abschmecken.
6. Die Filets mit der Sauce servieren.

Vorbereitungszeit: 5 Min.
Zubereitungszeit: 25 Min.

Pro Portion
1976 kJ / 470 kcal

Schollen-röllchen „Lukullus"

8 Schollenfilets
4 EL Zitronensaft
Salz
2 EL gehackte Zwiebeln
50 g Butter
1/8 l Weißwein
1 Becher Crème fraîche (125 g)
1 geräuchertes Forellenfilet
1 EL gehackter Dill
2 Eigelb
1 kg Chinakohl
weißer Pfeffer
1 Msp Muskat

1. Schollenfilets mit Zitronensaft beträufeln, salzen und kurz ziehen lassen.
2. 1 EL Zwiebelwürfel in 20 g Butter glasig dünsten.
3. Fischröllchen hineinsetzen und den Wein angießen. Bei schwacher Hitze ca. 10 Min. garen. Herausnehmen und warm stellen.
4. Crème fraîche im Weinsud ca 10 Min. einkochen.
5. Forellenfilet in Stücke schneiden.
6. Eigelb mit 3 – 4 EL Sauce verrühren und unterziehen. Dann die Forelle und den Dill dazugeben.
7. Den Chinakohl verlesen, waschen und zerkleinern.
8. 1 EL Zwiebelwürfel in der restlichen Butter glasig werden lassen und den Kohl darin 6 – 8 Min. dünsten. Mit Salz, Pfeffer und Muskat abschmecken.
9. Schollenröllchen zusammen mit Sauce und Chinakohl servieren.

Vorbereitungszeit: 15 Min.
Zubereitungszeit: 40 Min.

Pro Portion
1944 kJ / 463 kcal

Überbackene Schollen mit Champignons

8 Schollenfilets
2 – 3 EL Apfelessig
Salz
500 g frische Champignons
Saft von 1 Zitrone
60 g Butter
1 EL Mehl
1/8 l Weißwein
4 EL Sahne
Pfeffer
1 EL gehackter Dill
einige Friséeblätter
1 in Achtel geschnittene Zitrone zum Garnieren

1. Schollenfilets waschen, trockentupfen und mit Essig beträufeln.
2. Champignons putzen, waschen, mit dem Zitronensaft beträufeln und in 20 g Butter 10 Min. dünsten lassen.
3. Mehl, Wein und Sahne in einem Topf erhitzen, 5 Min. ziehen lassen und dann die Champignons dazugeben.
4. Die restliche Butter in einer Pfanne erhitzen, die Schollenfilets salzen und pfeffern und von jeder Seite 2 – 3 Min. braten.
5. In eine vorgewärmte flache Form legen, die Champignons darauf verteilen und im vorgeheizten Backofen etwa 10 Min. überbacken.
6. Dill darüber streuen, auf Salatblättern anrichten und mit Zitronenachteln garnieren.

Vorbereitungszeit: 10 Min.
Zubereitungszeit: 40 Min.

Pro Portion
1345 kJ / 320 kcal

Seefisch-Eintopf mit Fenchel

1 kg Fischabfälle
2 EL Essig
2 TL Salz
2 in Ringe geschnittene Zwiebeln
1 Fenchelknolle
1 kg küchenfertige Seefische (z.B. Scholle, Heilbutt, Seezunge, Steinbutt)
250 g Mayonnaise
Salz
Pfeffer
2 zerdrückte Knoblauchzehen
1 Msp Knoblauchpulver

1. Die Fischabfälle mit Essig, Salz, Zwiebeln, Lorbeerblatt und der in Scheiben geschnittenen Fenchelknolle in 2 l Wasser 30 Min. kochen.
2. Die Brühe durch ein Sieb gießen und die Fische darin gar ziehen lassen.
3. Herausnehmen, auf einer Platte anrichten und warm stellen.
4. Brühe mit 125 g Mayonnaise, Salz, Pfeffer und den Knoblauchzehen sorgfältig verquirlen.
5. Die restliche Mayonnaise mit Knoblauchpulver mischen und in einem Schüsselchen anrichten.
6. Von dem Fisch nun Stücke abschneiden, auf Teller legen und dann die Mayonnaise und die Suppe darüber geben.

Vorbereitungszeit: 10 Min.
Zubereitungszeit: 45 Min.

Pro Portion
4867 kJ / 1159 kcal

Heilbutt in Zitronensauce

4 Heilbuttkoteletts
2 Zitronen
1 TL Pfefferkörner
30 g Mehl
40 g Butter

1. Fisch mit dem Saft einer halben Zitrone beträufeln.
2. Die restlichen Zitronen in Scheiben schneiden.
3. Die Hälfte der Zitronenscheiben mit den Pfefferkörnern in 1/2 l Salzwasser aufkochen.
4. Heilbutt ungefähr darin 10 – 12 Min. gar ziehen lassen.
5. Warm stellen. Den Sud durchsieben.
6. Mehl in Butter anschwitzen, die Fischbrühe unterrühren und aufkochen lassen.
7. Zitronenscheiben vierteln, in die Sauce geben.

Vorbereitungszeit: 15 Min.
Zubereitungszeit: 25 Min.

Pro Portion
1061 kJ / 252 kcal

Käseflundern

8 Flunderfilets
1 Zitrone
Salz
100 g Mozzarella
40 g Butter
1/4 l Sauce Hollandaise (Fertigprodukt)
1/8 l Wein

1. Filets waschen, trockentupfen, mit Zitronensaft beträufeln und salzen.
2. Käse in dünne Scheiben schneiden. Jeweils auf ein Filet legen und mit dem zweiten abdecken. Leicht andrücken.
3. In Butter von beiden Seiten je 5 Min. braten.
4. Die Sauce anrühren. Die Hälfte der Flüssigkeit durch den Wein ersetzen. Über den Fisch geben und überbacken.

Vorbereitungszeit: 5 Min.
Zubereitungszeit: 20 Min.

Pro Portion
1198 kJ / 285 kcal

Fisch-Gemüse-Ragout

500 g TK-Suppengemüse
2 EL Butter
2 EL Mehl
1/4 l Hühnerbrühe (Fertigprodukt)
1 kg geräucherter, schwarzer Heilbutt
Worcestersauce
Zitronensaft

1. Gemüse auftauen, in Butter andünsten, mit Mehl bestäuben und gründlich umrühren.
2. Die Brühe dazugießen und 10 Min. kochen.
3. Fisch von Haut und Gräten lösen, kleinschneiden, zum Gemüse geben, mit Worcestersauce und Zitronensaft pikant abschmecken.

Vorbereitungszeit: 10 Min.
Zubereitungszeit: 20 Min.

Pro Portion
2559 kJ / 609 kcal

Babysteinbutt in Orangensauce

1 Zwiebel
1 Lorbeerblatt
1 Nelke
150 ml Weißwein
1 TL Pfefferkörner
1/2 TL Salz
2 Babysteinbutt
2 EL Zitronensaft
6 Orangen
2 Eigelb
100 g Butter
Salz
Pfeffer
2 cl Orangenlikör
1 EL gehackte Petersilie
1 EL gehackter Dill

1. Die Zwiebel schälen, halbieren und mit dem Lorbeerblatt und der Nelke spicken.
2. Mit Wein, 350 ml Wasser, Pfefferkörnern und Salz in einer Pfanne kurz aufkochen.
3. Fisch waschen, mit Zitronensaft beträufeln, zum Sud geben und dann etwa 12 – 15 Min. dünsten.
4. Zwei Orangen auspressen. Die restlichen so schälen, daß keine Haut mehr daran ist.
5. Die Eigelb mit dem Orangensaft im Wasserbad schaumig schlagen. Danach die flüssige Butter löffelweise dazugeben. Mit Salz, Pfeffer und Orangenlikör abschmecken und mit den Kräutern etwas verfeinern.
6. Den Fisch mit Orangenscheiben garnieren und die Sauce dazu reichen.

Vorbereitungszeit: 15 Min.
Zubereitungszeit: 25 Min.

Pro Portion
2897 kJ / 689 kcal

Seezungen-pastete

- 125 g *Möhren*
- 1 *TL Salz*
- 500 g *Seezungenfilets*
- 2 *Zitronen*
- 1 *TL schwarze Pfefferkörner*
- 4 *Eier*
- 1/4 *l Sahne*
- *Salz*
- *Pfeffer*
- 1 *Msp Muskat*
- 20 g *Butter*
- 1 *Eigelb*
- 2 *Becher Joghurt (je 150 g)*
- 4 *EL Mayonnaise*
- 1 *Bund Petersilie*
- *Friséesalat zum Garnieren*

1. Möhren putzen und in Stücke schneiden. In Salzwasser ca. 20 Min. dünsten. Herausnehmen und bereit stellen.
2. Fisch waschen und zusammen mit dem Saft einer Zitrone und den Pfefferkörnern in das Gemüsewasser legen und 15 Min. dünsten.

3. Fischfilets aus dem Sud nehmen und mit drei Eiern in einen Mixer geben.
4. Von der Sahne 8 EL abnehmen. Den Rest zum Fisch in den Mixer gießen.
5. Alles pürieren, mit Salz und Pfeffer abschmecken und in eine Schüssel füllen.
6. Möhren, 6 EL Sahne und ein Ei im Mixer pürieren. Mit Salz, Pfeffer und Muskat abschmecken.
7. Eine kleine feuerfeste Terrinenform gut einfetten und abwechselnd Fisch- und Möhrenpüree einschichten; mit Fisch abschließen.
8. Die Fettpfanne des Backofens zur Hälfte mit Wasser füllen, Form hineinsetzen und mit dem Deckel verschließen.
9. Im vorgeheizten Backofen bei 200 0C ca. 60 Min. backen.
10. Eigelb und restliche Sahne verquirlen und die Fischterrine ca. 15 Min. vor Ende der Garzeit damit bestreichen.
11. Ohne Deckel weitergaren und erkalten lassen.
12. Joghurt und Mayonnaise verrühren. Zweite Zitrone auspressen und den Saft zufügen. Mit Salz, Pfeffer und Zucker abschmecken.
13. Den Bund Petersilie bis auf 2 Stiele fein hacken und unter die Sauce geben.
14. Zum Servieren vier Scheiben der Fischpastete abschneiden und auf Friséeblättern anrichten. Mit Petersilie garnieren.
15. Die Sauce extra dazu reichen.

Vorbereitungszeit: 15 Min.
Abkühlzeit: 120 Min.

Pro Portion
2329 kJ / 554 kcal

Rheingauer Fischhappen

1 kg helle und blaue Weintrauben
6 EL Weißweinessig
1 EL gehackte Zwiebeln
1/2 rote, entkernte Paprikaschote
1/2 grüne, entkernte Paprikaschote
Salz
Pfeffer
1 Msp Zimt
Mark von 1 Vanilleschote
600 g Heilbuttfilet
125 g Mehl
1/2 TL Salz
6 – 8 EL Weißwein
2 EL Traubenkernöl
2 Eiweiß
Fritierfett
1 Zitrone und etwas Zitronenmelisse zum Garnieren

1. Weintrauben waschen und halbieren. Mit Essig und 50 ml Wasser etwa 30 Min. kochen.
2. Die Paprikaschoten fein würfeln.
3. Weintrauben durch ein Sieb streichen und die Paprika hinzufügen. 30 Min. einkochen, bis eine dickliche Sauce entsteht. Mit Salz, Pfeffer, Zimt und Vanillemark würzen.
4. Fisch waschen, trockentupfen und in mundgerechte Stücke schneiden.
5. Mehl, Salz, Wein und Öl in eine Schüssel geben und alles gut miteinander verrühren. Eiweiß steif schlagen und unterziehen. Fritierfett erhitzen.
6. Fischwürfel in den Teig tauchen und portionsweise im heißen Fett 3 – 5 Min. goldbraun fritieren.
7. Auf Küchenkrepp abtropfen lassen und warm stellen.
8. Zuletzt die Fischstückchen mit Zitronenstücken oder -scheiben und der Zitronenmelisse garnieren. Die Traubensauce dazu reichen.

Vorbereitungszeit: 25 Min.
Zubereitungszeit: 75 Min.

Pro Portion
2500 kJ / 595 kcal

Badischer Fischauflauf

8 Rotzungenfilets
Saft von 1/2 Zitrone
750 g Spargel
Salz, 1 Prise Zucker
1/8 l Milch
1/4 l helle Sauce (Fertigprodukt)
1 Msp Muskat, 1 Ei
6 Scheiben gekochter Schinken
20 g Butter
2 EL geriebener Parmesan

1. Filets waschen, trockentupfen und danach mit Zitronensaft beträufeln.
2. Spargel schälen, mit Salz und Zucker 15 Min. garen.
3. Helle Sauce mit je 1/8 l Spargelbrühe und Milch aufkochen, mit Muskat abschmecken und das Ei unterrühren.
4. Rotzungenfilets salzen, darauf jeweils eine Scheibe gekochten Schinken legen und zusammenrollen.
5. Spargel in eine gebutterte Auflaufform legen, dazwischen die Fischröllchen setzen.
6. Die Sauce darüber gießen, mit Käse bestreuen und bei 220° C etwa 20 Min. überbacken.

Vorbereitungszeit: 10 Min.
Zubereitungszeit: 50 Min.

Pro Portion
1567 kJ / 373 kcal

Seezunge im Teigmantel

8 Seezungenfilets
2 EL Zitronensaft
1 Ei
2 EL Mehl
Salz
30 g Butter
120 g magerer Speck
8 Tomaten
400 g in Ringe geschnittener Porree
1 Msp Pfeffer
1/2 TL Thymian

1. Fisch waschen, trockentupfen und mit Zitronensaft beträufeln.
2. Ei, Mehl und wenig Wasser zu einem zähflüssigen Teig verrühren.
3. Die Fischfilets salzen, im Teig wenden und in Butter hellbraun braten. Dann warm stellen.
4. Den Speck in Würfel schneiden und auslassen. Die Tomaten überbrühen, schälen und würfeln, mit dem Porree zum Speck geben. Mit Pfeffer und Thymian würzen und etwa 5 Min. andünsten.
5. Die Sauce zu den Seezungenfilets servieren.

Vorbereitungszeit: 15 Min.
Zubereitungszeit: 20 Min.

Pro Portion
2593 kJ / 617 kcal

Heilbutt auf irische Art

4 Scheiben Heilbutt (je 200 g)
2 EL Zitronensaft
80 g feingehackte Zwiebel
50 g Butter
3 cl Irischer Whiskey
1 TL Mehl
1 Becher Sahne (200 g)
Salz
100 g Räucherlachs
Dill zum Garnieren

1. Fisch mit Zitronensaft beträufeln.
2. Dann 1/2 – 3/4 Liter leicht gesalzenes Wasser aufkochen.
3. Heilbuttschnitten einlegen und in etwa 15 Min. gar ziehen lassen. Dann warm stellen.
4. Unterdessen Zwiebel in 30 g Butter 5 Min. dünsten. 2 cl Whiskey dazugeben und flambieren.
5. Die restliche Butter schmelzen, Mehl zufügen und durchschwitzen lassen. Unter Rühren mit Sahne ablöschen und einmal aufkochen. Die Sauce mit Salz und Whiskey abschmecken.
6. Fisch auf vorgewärmten Tellern mit Lachsscheiben und Sauce anrichten und mit Dill garnieren.

Vorbereitungszeit: 5 Min.
Zubereitungszeit: 35 Min.

Pro Portion
2350 kJ / 559 kcal

Herzhafte Partybrote

4 Flunderfilets
Saft von 1/2 Zitrone
Salz
1 Ei
50 g Paniermehl
50 g Butter
4 Scheiben Bauernbrot
4 EL Mayonnaise
4 Salatblätter
100 g Nordseekrabbenfleisch
Dill, Tomate und Zitronenscheiben zum Garnieren

1. Flunderfilets halbieren, waschen, mit Zitronensaft beträufeln und salzen.
2. Das Ei verquirlen.
3. Fisch zuerst in Ei, dann in Paniermehl wenden.
4. Die Flunderfilets in Butter von jeder Seite ungefähr 3 Min. braten.
5. Die Brotscheiben mit Mayonnaise bestreichen und mit einem Salatblatt belegen. Krabbenfleisch darauf verteilen.
6. Jeweils 2 Fischstücke darauf anrichten und einen Klecks Mayonnaise in die Mitte geben.
7. Mit Dill, Tomate und Zitronenscheiben reichlich garnieren.

Vorbereitungszeit: 10 Min.
Zubereitungszeit: 20 Min.

Pro Portion
2155 kJ / 513 kcal

STEINBUTT-KASSEROLE

4 Steinbuttkoteletts (je 200 g)
2 EL Zitronensaft
80 g Butter
Salz
Pfeffer
6 Orangen
4 Schalotten
1/2 TL Curry
1 Becher Sahne (200 g)
1 Sträußchen Petersilie
1 TL gehackte Haselnußkerne

1. Fisch mit Zitronensaft beträufeln.
2. Eine flache Form fetten und die Koteletts nebeneinander hineinlegen.
3. Mit Salz und Pfeffer würzen und mit gefettetem Pergamentpapier abdecken. Im Backofen bei 200° C warm stellen. Den Kochsud bereitstellen.
4. Eine Orange schälen, das Fruchtfleisch auslösen. Die restlichen Orangen auspressen.
5. Schalotten hacken. In der restlichen Butter etwa 5 Min. dünsten. Mit Curry bestäuben mit Orangensaft ablöschen.
6. 5 Min. einkochen lassen.
7. Fischsud und Sahne zugießen und noch einmal aufkochen lassen.
8. Die Sauce auf Teller verteilen und den Fisch darauf anrichten.
9. Mit Orangenstücken, Petersilie und Haselnußkernen garnieren.

Vorbereitungszeit: 15 Min.
Zubereitungszeit: 35 Min.

Pro Portion
2636 kJ / 627 kcal

Rundfische

Rundfische sind die beliebtesten Speisefische. Mehr oder weniger sind sie mit dem Kabeljau verwandt und typische Magerfische.

Seelachs in Blätterteig

1 Seelachsfilet
4 EL Zitronensaft
Salz
Pfeffer
2 P. TK-Blätterteig (je 300 g)
2 EL Paniermehl
250 g Tomaten aus der Dose
1 EL gehackter Dill
125 g Muschelfleisch
1 Ei
2 EL Kondensmilch
1 Kästchen Kresse und Zitronenspalten zum Garnieren

1. Fischfilet waschen und trockentupfen. Mit Zitronensaft säuern und mit Salz und Pfeffer würzen.
2. Blätterteigplatten auftauen und knappkantig übereinander legen.
3. Zwei Rechtecke von 25 x 45 cm ausrollen. Auf ein mit Backpapier ausgelegtes Backblech legen.
4. Teig mit Paniermehl bestreuen und ein Fischfilet darauf legen.
5. Tomaten auf dem Filet verteilen, salzen und pfeffern. Gehackten Dill darüber streuen.
6. Zuletzt das Muschelfleisch darauf geben.
7. Ei trennen. Den Teig rund um den Fisch mit Eiweiß bestreichen. Die zweite Teigplatte darüber legen und festdrücken.
8. Eigelb und Kondensmilch verrühren und den Blätterteig damit ganz bestreichen.
9. Den Teig einstechen. Den Fisch im vorgeheizten Backofen bei 200° C ca. 40 Min. hellbraun backen.
10. Fisch mit Zitronen und Kresse garnieren.

Vorbereitungszeit: 15 Min.
Zubereitungszeit: 60 Min.

Pro Portion
3532 kJ / 841 kcal

Deftiger Fischeintopf

2 EL Fischgewürz (Fertigprodukt)
500 g Seelachsfilet
Salz
Pfeffer
75 g magerer Speck
1 EL Butterschmalz
100 g gehackte Zwiebeln
250 g Kartoffeln
700 g gemischtes TK-Gemüse (Erbsen, Bohnen, Möhren)
2 EL gehackten Dill

1. Fischgewürz in 1 l Wasser 10 Min. kochen.
2. Fisch würfeln, salzen, pfeffern und im Sud gar ziehen. Herausnehmen und die Brühe abseihen.
3. Speck in kleine Würfel schneiden und im Schmalz auslassen. Zwiebeln darin dünsten.
4. Kartoffeln schälen und anschließend in kleine Würfel schneiden.
5. Mit Fischbrühe auffüllen. Gemüse, Kartoffeln, Salz und Pfeffer hinzufügen und gar kochen.
6. 5 Min. vor Ende der Garzeit den Dill und den Fisch dazugeben.

Vorbereitungszeit: 20 Min.
Zubereitungszeit: 45 Min.

Pro Portion
1461 kJ / 348 kcal

Seelachs mit feinem Gemüse

800 g Seelachsfilet
1 EL Zitronensaft
Salz
Pfeffer
2 EL Mehl
3 EL Olivenöl
2 cl Calvados
2 cl trockener Sherry
500 g TK-Buttergemüse
1 Becher Sahne (200 g)

1. Fisch mit Zitronensaft beträufeln, 10 Min. ziehen lassen, trockentupfen, salzen, pfeffern und in Mehl wenden.
2. In Öl von beiden Seiten braten, Calvados darüber gießen und flambieren.
3. Den Fisch warm stellen.
4. Den Bratfond mit Sherry aufkochen.
5. Gemüse nach Anweisung zubereiten. Bratfond und die Sahne darunterrühren. Zusammen mit dem Fisch anrichten.

Vorbereitungszeit: 15 Min.
Zubereitungszeit: 35 Min.

Pro Portion
2293 kJ / 546 kcal

Cordon bleu vom Seelachs

4 dünne Scheiben Seelachsfilet
2 EL Zitronensaft
Salz
1 EL Senf
4 kleine Scheiben gekochter Schinken
4 Scheiben Käse (Chester)
1 – 2 EL Mehl
1 Ei
4 EL Paniermehl
3 EL Butterschmalz
1 Kästchen Kresse und einige Zitronenscheiben zum Garnieren

1. Fischfilet mit Zitronensaft säuern. Mit Salz würzen und jeweils eine Seite mit Senf bestreichen.
2. Jeweils eine Scheibe Schinken und Käse darauf legen, zur Hälfte überklappen und mit einer Rouladennadel zusammenstecken.
3. Nacheinander in Mehl, verquirltem Ei und Paniermehl wenden.
4. In heißem Fett von jeder Seite ca. 5 Min. braten.
5. Mit Kresse und Zitronenscheiben garnieren.

Vorbereitungszeit: 10 Min.
Zubereitungszeit: 20 Min.

Pro Portion
1446 kJ / 344 kcal

Leng mit Austernpilzen

40 g *Butter*
4 *Scheiben Lengfilet*
Salz
Pfeffer
1,5 *l trockener Sekt*
2 *EL Crème fraîche*
100 *g Austernpilze*
2 *Eigelb*

1. Eine flache Kasserolle mit der Hälfte der Butter ausstreichen.
2. Fisch hineinlegen, salzen und pfeffern.
3. Sekt und 1 EL Crème fraîche erwärmen und zum Fisch geben.
4. Mit Alufolie bedecken und bei milder Hitze 5 Min. gar ziehen lassen. Herausnehmen und dann warm stellen. Fischfond bereitstellen.
5. Die Austernpilze klein schneiden und in der übrigen Butter 5 Min. dünsten.
6. Eigelb mit der restlichen Crème fraîche verquirlen und in den heißen Fischfond rühren.
7. Austernpilze zufügen und die Sauce über die Filets ziehen.

Vorbereitungszeit: 10 Min.
Zubereitungszeit: 20 Min.

Pro Portion
1153 kJ / 274 kcal

Steinbeisser in Estragon

4 Steinbeißerkoteletts
1 EL Zitronensaft
Salz
Pfeffer
130 g Butter
2 EL gehackte Zwiebeln
1/4 l Weißwein
1 EL feingeschnittener Estragon
500 g Wirsing
50 g durchwachsener Speck

1. Fisch mit Zitronensaft beträufeln, salzen und pfeffern.
2. 50 g Butter in einer Pfanne erhitzen und die Fischkoteletts von beiden Seiten anbraten. Die Hälfte der gewürfelten Zwiebeln hinzufügen, kurz anrösten, mit Wein ablöschen.
3. Den Fisch in der geschlossenen Pfanne etwa 8 Min. garen. Herausnehmen und warm stellen.
4. Sud einkochen. Restliche Butter nach und nach unter Rühren dazugeben.
5. Estragon unterziehen und die Sauce mit Salz und Pfeffer abschmecken.
6. Den Wirsing putzen, waschen, in Streifen schneiden und ca. 10 – 15 Min. dünsten.
7. Den Speck würfeln und in einer Pfanne auslassen.
8. Speckstippe über den Wirsing geben und zum Fisch servieren.

Vorbereitungszeit: 20 Min.
Zubereitungszeit: 50 Min.

Pro Portion
2406 kJ / 573 kcal

Überbackener Seehecht

4 Seehechtfilets
Saft von 1 Zitrone
Salz
20 g Butter
4 in Scheiben geschnittene Zwiebeln
1/8 l Weißwein
300 g Brokkoli
300 g Blumenkohl
2 Eigelb
5 cl Weißwein
1 Msp Salz
1 Msp Pfeffer
100 g Butter

1. Die Filets mit Zitronensaft säuern und salzen.
2. Die Zwiebelscheiben in der Butter andünsten. Den Fisch dazugeben, mit Wein ablöschen und dann 5 Min. garen.
3. Das Gemüse putzen, waschen und in Röschen teilen.
4. Fisch und Gemüse in eine feuerfeste Form geben.
5. Eigelb mit Wein, Salz und Pfeffer im Wasserbad schaumig schlagen.
6. Butter flüssig werden lassen und langsam unterrühren.
7. Über Fisch und Gemüse verteilen und dann im Backofen bei 180°C ca. 20 Min. backen.

Vorbereitungszeit: 10 Min.
Zubereitungszeit: 40 Min.

Pro Portion
1847 kJ / 439 kcal

Tomaten-Fisch-Ragout

800 g Wittlingfilet
3 EL Zitronensaft
50 g magerer Speck
3 EL Öl
75 g gehackte Zwiebeln
3 Fleischtomaten
1 Döschen Tomatenmark (75 g)
1 Msp Salz
1 Msp Pfeffer
je 1 TL getrocknetes Oregano und Basilikum
2 cl Madeira

1. Fisch in Stücke schneiden und mit Zitronensaft beträufeln.
2. Speck würfeln und im Öl auslassen, Zwiebeln dazugeben und etwas andünsten lassen.
3. Die Tomaten häuten und in Würfel schneiden. Mit Tomatenmark, Salz, Pfeffer, Basilikum und Oregano 10 Min. leicht köcheln lassen.
4. Fisch einlegen und in etwa 10 Min. gar ziehen lassen. Wenn nötig, das Ragout noch mit Saucenbinder andicken und mit Madeira abschmecken.

Vorbereitungszeit: 15 Min.
Zubereitungszeit: 30 Min.

Pro Portion
1279 kJ / 304 kcal

Seeteufel in Safrancreme

4 Seeteufelfilets
1 Zitrone
1/4 l Sekt
100 g Sahne
1 Päckchen Safranfäden
(4 – 6 Stück)
2 EL Cointreau
Salz
Pfeffer
Zucker
1/4 l gesalzenes Wasser
1 Lorbeerblatt
100 g kalte Butter

1. Fisch waschen, in Würfel schneiden und mit dem Saft einer halben Zitrone beträufeln.
2. Für die Sauce den Sekt auf die Hälfte einkochen.
3. Sahne zufügen und kochen, bis eine dickliche Sauce entsteht.
4. Mit Safran, Cointreau, Salz, Pfeffer und Zucker abschmecken und dann warm stellen.
5. Wasser, Lorbeerblatt und den restlichen Zitronensaft erhitzen.
6. Fisch salzen und bei geringer Hitze 5 Min. im Sud ziehen lassen.
7. Kalte Butter flöckchenweise unter die Safransauce rühren.
8. Zusammen mit dem Fisch anrichten.

Vorbereitungszeit: 10 Min.
Zubereitungszeit: 20 Min.

Pro Portion
1837 kJ / 437 kcal

Fischfondue mit frischen Saucen

je 250 g Rotbarsch, Kabeljau, Schellfisch, Seelachs, Wittling und Lengfisch
1 kg Fischabfälle
6 EL Zitronensaft
1 1/2 l Wasser
1 Zwiebel
1 Möhre
1 TL Salz
Pfeffer
1 Petersilienwurzel
1 Lorbeerblatt
1 TL Senfkörner
1 TL Estragon (getrocknet)

1. Fisch waschen, trockentupfen, in Würfel schneiden und säuern.
2. Fischabfälle mit dem Wasser, der Zwiebel, der gewürfelten Möhre und allen Gewürzen 30 Min. köcheln lassen.
3. Dann durchsieben und in einem Fonduetopf warm halten.

Vorbereitungszeit: 15 Min.
Zubereitungszeit: 70 Min.

Pro Portion
1332 kJ / 317 kcal

Dill-Krabbensauce

2 EL gehackter Dill
4 EL Kräuteressig
4 EL Olivenöl
Salz, Pfeffer, Zucker
100 g Tiefseekrabbenfleisch

1. Dill, Essig und Öl verrühren. Mit Salz, Pfeffer und Zucker pikant abschmecken. Krabben unterheben.

Pro Portion
460 kJ / 109 kcal

Sauce Choron

4 Eigelb
2 EL trockener Weißwein
2 EL Zitronensaft
1 EL Tomatenmark
125 g Butter
Salz, Pfeffer, Zucker

1. Eigelb, Weißwein, Zitronensaft und 2 EL Wasser bei schwacher Hitze schaumig schlagen. Tomatenmark und Butter unterrühren. Mit Salz, Pfeffer und Zucker abschmecken.

Pro Portion
1262 kJ / 300 kcal

Feine Schalottensauce

2 Schalotten
6 EL trockener Weißwein
125 g kalte Butter
Salz, Pfeffer, Zucker

1. Schalotten würfeln und im Wein ca. 5 Min. dünsten. Butter in Flöckchen zufügen. Abschmecken.

Pro Portion
1062 kJ / 254 kcal

Kräutervinaigrette mit Ei

1 hartgekochtes Ei
je 1/2 EL Petersilie, Dill und Schnittlauch
4 EL Kräuteressig
4 EL Distelöl
Salz, Pfeffer, Zucker

1. Ei würfeln. Kräuter, Essig und Öl verrühren. Mit Salz, Pfeffer und Zucker abschmecken und Eiwürfel unterrühren.

Pro Portion
463 kJ / 110 kcal

Fischsuppen-topf mit Nudeln

600 g Fischfilet (Leng, Kabeljau, Seeaal)
2 EL Zitronensaft
30 g Butter
100 g in Ringe geschnittene Schalotten
2 zerdrückte Knoblauchzehen
1 Dose Tomaten (250 g)
1/2 l Gemüsebrühe (Fertigprodukt)
1 Dose Mais (250 g)
Salz
Pfeffer
1 EL milder Paprika
100 g Fadennudeln
1 Glas Paprikastreifen (200 g)
1 EL gehackter Dill

1. Das Fischfilet waschen, gut trockentupfen, würfeln und mit Zitronensaft säuern.
2. Schalotten und Knoblauch in Butter andünsten.
3. Tomaten mit Flüssigkeit und Brühe zufügen und aufkochen.
4. Abgetropften Mais dazugeben und mit Salz, Pfeffer und Paprika abschmecken.
5. Fisch in der Suppe in etwa 8 – 10 Min. gar ziehen lassen.
6. In der Zwischenzeit Nudeln kochen und abtropfen lassen. Mit Paprikastreifen und Dill in die Suppe geben und sofort servieren.

Vorbereitungszeit: 20 Min.
Zubereitungszeit: 25 Min.

Pro Portion
1544 kJ / 367 kcal

Gedünsteter Fisch mit Petersiliensauce

Saft von 1 Zitrone
1 TL Salz
1 kg küchenfertige Renken
1/4 l Sahne
100 g Butter
2 EL gehackte Petersilie
Salz
Pfeffer
Lauch zum Garnieren

1. 1 l Wasser mit dem Zitronensaft und Salz zum Kochen bringen.
2. Die gewaschenen Fische in das kochende Wasser legen.
3. Hitze drosseln und 7 Min. ziehen lassen.
4. Sahne in einem Topf bei starker Hitze 3 Min. einkochen, vom Herd nehmen und die Butter mit einem Schneebesen unterrühren.
5. Petersilie zugeben und mit Salz und Pfeffer abschmecken.
6. Die Sauce mit dem Fisch anrichten und mit Lauch garnieren.

Vorbereitungszeit: 15 Min.
Zubereitungszeit: 15 Min.

Pro Portion
2747 kJ / 654 kcal

Porree mit Räucherfisch

800 g Lauchstangen
1/4 l Fleischbrühe (Fertigprodukt)
250 g Schillerlocken
250 g geräucherte Bücklinge
1/8 l Milch
1 Päckchen helle Sauce (Fertigprodukt)
1 Eigelb
je 1 EL Petersilie und Dill (gehackt)

1. Lauchstangen waschen, klein schneiden und in der Brühe gar kochen.
2. Fisch in mundgerechte Stücke schneiden.
3. Lauch abgießen und die Kochbrühe auffangen. Fisch und Gemüse mischen und warm stellen.
4. Mit je 1/8 l Brühe und Milch die helle Sauce zubereiten.
5. Vom Herd nehmen, Eigelb darunterziehen und die Kräuter einstreuen.

Vorbereitungszeit: 15 Min.
Zubereitungszeit: 25 Min.

Pro Portion
2238 kJ / 533 kcal

Kräuter-Fisch-Pfanne

500 g TK-Französische Gemüsemischung
400 g Kartoffeln
3 EL Öl
Salz
Pfeffer
800 g Rotbarschfilet
Saft von 1/2 Zitrone
je 1 EL Basilikum und Petersilie (gehackt)
1/2 EL Zitronenmelisse
2 EL Tomatenmark

1. Gemüse auftauen lassen. Kartoffeln schälen und würfeln. Zusammen ca. 10 Min. in Öl dünsten.
2. Mischung mit Salz und Pfeffer abschmecken und in eine Auflaufform füllen.
3. Fisch mit Zitronensaft beträufeln und salzen.
4. Kräuter mit dem Tomatenmark mischen und auf das Fischfilet streichen.
5. Fisch auf das Gemüse legen und im Backofen bei 200° C ca. 35 Min. garen.

Vorbereitungszeit: 20 Min.
Zubereitungszeit: 45 Min.

Pro Portion
1389 kJ / 330 kcal

Kabeljau mit Schmorgurke

4 Kabeljaufilets
2 EL Zitronensaft
4 EL gehackte Zwiebeln
20 g Butter
1/2 TL grüne Pfefferkörner
1 Lorbeerblatt
1/2 l klare Brühe (Fertigprodukt)
1,2 kg Schmorgurken
4 EL gehackter Borretsch
1 TL süßer Senf
1 Becher Sahne (200 g)
Salz, Pfeffer

1. Den Fisch säuern.
2. Zwiebeln in Butter glasig dünsten.
3. Pfeffer und Lorbeerblatt zufügen, mit Brühe ablöschen und den Kabeljau darin 10 – 12 Min. dünsten lassen.
4. Gurken schälen und in Scheiben schneiden. Mit Borretsch in einen Topf geben. Senf, Sahne und die Gewürze dazugeben und alles zusammen etwa 15 Min. schmoren.

Vorbereitungszeit: 15 Min.
Zubereitungszeit: 40 Min.

Pro Portion
3169 kJ / 754 kcal

Holländische Fischrouladen

2 große Seelachs- oder Rotbarschfilets
500 g Spitzkohl
4 EL gehackte Zwiebeln
40 g Butter, Salz
Pfeffer, 1 Msp Muskat
50 g geriebener Gouda
1/4 l Weißwein
1 Becher Sahne (200 g)
1 Eigelb
1 EL gehackter Dill

1. Die Filets waschen und trockentupfen. In der Mitte der Länge nach ca. 1 cm einschneiden. Dann zu beiden Seiten etwas einschneiden und aufklappen, so daß ein großes, flaches Stück entsteht.
2. Spitzkohl zerteilen und waschen.
3. 2 EL Zwiebeln in 20 g Butter andünsten, Spitzkohl zugeben und etwas zusammenfallen lassen.
4. Mit Salz, Pfeffer und Muskat abschmecken
5. Fisch mit Salz und Pfeffer würzen. Spitzkohl auf dem Fisch verteilen und den Käse darüber streuen.
6. Filets aufrollen und zusammenstecken.
7. Restliche Butter erhitzen, 2 EL Zwiebeln darin andünsten und mit Wein ablöschen.
8. Fisch hineingeben und 10 Min. ziehen lassen.
9. Herausnehmen und warm stellen. Dann die Sahne in die Sauce rühren.
10. Eigelb mit etwas warmer Flüssigkeit verquirlen und unterziehen. Mit Salz und Pfeffer abschmecken und mit Dill verfeinern.
11. Die Rouladen in Scheiben schneiden und mit der Sauce anrichten.

Vorbereitungszeit: 15 Min.
Zubereitungszeit: 35 Min.

Pro Portion
2155 kJ / 513 kcal

Schwarmfische

Schwarmfische lieben die Geselligkeit – sehr zur Freude der Fischer. Ein Fischschwarm im Netz bedeutet reiche Beute und entschädigt für die harte Arbeit auf den Fangschiffen.

Thunfischschnitten „Portugiesisch"

800 g Thunfisch in Scheiben
4 Fleischtomaten
1 Knoblauchzehe
Salz
Pfeffer
3 EL Mehl
50 g Butter
1/8 l Portwein
3 EL gemischte Kräuter (Basilikum, Estragon, Kerbel, Oregano, Thymian)
2 EL Olivenöl
8 schwarze Oliven ohne Steine

1. Den Fisch waschen und trockentupfen.
2. Die Tomaten überbrühen und mit Salz zerdrücken.
3. Knoblauch schälen und mit Salz zerdrücken.
4. Thunfisch salzen, pfeffern und in Mehl wenden. In Butter von jeder Seite 2–3 Min. braten. Herausnehmen und warm stellen.
5. Knoblauch und Tomaten in die Pfanne geben und kurz andünsten. Mit Portwein abschmecken und mit den gemischten Kräutern verfeinern.
6. Fisch auf vorgewärmten Tellern anrichten. Tomaten darüber verteilen, mit Öl beträufeln und mit Oliven garnieren.

Vorbereitungszeit: 15 Min.
Zubereitungszeit: 25 Min.

Pro Portion
3618 kJ / 861 kcal

Thunfisch süss-sauer

300 g Thunfisch in Scheiben
1/2 Zitrone
Salz
2 Frühlingszwiebeln
20 g Butter
4 EL Sojasauce
2 EL Essig
1 EL Zucker
0,3 l klare Brühe (Fertigprodukt)
150 g Palmherzen aus der Dose
Salz, Curry, Zucker, Essig

1. Fisch in Stücke schneiden, mit Zitronensaft beträufeln und salzen.
2. Frühlingszwiebeln in Ringe schneiden, in Butter andünsten. Sojasauce, Essig, Zucker und Brühe zufügen, aufkochen.
3. Fischstücke und Palmherzen hineingeben und 10 Min. dünsten.
4. Mit Salz, Curry, Zucker und Essig süß-sauer abschmecken.

Vorbereitungszeit: 10 Min.
Zubereitungszeit: 20 Min.

Pro Portion
1247 kJ / 297 kcal

Thunfischsteaks mit Schnittlauchcreme

4 *Thunfischsteaks*
Salz
Pfeffer
100 g *Butter*
1/8 *l Fischfond (Fertigprodukt)*
1/8 *l Weißwein*
2 *TL feingehackte Zwiebeln*
1/4 *l Sahne*
1 *EL feingeschnittener Schnittlauch*

1. Den Fisch etwas salzen, pfeffern und in eine gebutterte Form legen. Fischsud und Weißwein angießen und mit eingefettetem Pergamentpapier abdecken. Im Backofen bei 180° C 6 – 8 Min. garen. Herausnehmen und warm stellen.
2. Fischsud mit Zwiebeln und Sahne auf die Hälfte einkochen lassen.
3. Die restliche Butter flöckchenweise dazugeben und mit dem Mixer einrühren. Dann den Schnittlauch unterziehen.
4. Fischsteaks zusammen mit der Schnittlauchcreme anrichten.

Vorbereitungszeit: 5 Min.
Zubereitungszeit: 15 Min.

Pro Portion
2406 kJ / 573 kcal

Marinierter Thunfisch

600 g *Thunfisch in Scheiben*
1/2 *Zitrone*
Salz
3 *EL Öl*
0,4 *l Kräuteressig*
2 *Lorbeerblätter*
1 *EL Salz*
2 *EL Zucker*
1 *in Ringe geschnittene Zwiebel*
2 *Zweige Oregano*

1. Fisch mit dem Saft der halben Zitrone beträufeln. Salzen, und in Öl von jeder Seite 4 Min. braten.
2. Essig, Lorbeerblätter, Salz, Zucker, Zwiebelringe und Oregano zusammen aufkochen.
3. Den Fisch in der Marinade ca. 8 – 10 Std. im Kühlschrank durchziehen lassen.

Vorbereitungszeit: 20 Min.
Marinierzeit: 12 Std.

Pro Portion
1927 kJ / 459 kcal

Gebackene Makrelen

2 küchenfertige Makrelen (ohne Kopf)
Salz
Pfeffer
1 Zwiebel
70 g Butter
0,3 l Calvados
1 1/2 EL Mehl
1 EL Zitronensaft
2 EL feingehackter Dill

1. Fische waschen und trockentupfen. Innen und außen kräftig mit Salz und Pfeffer einreiben.
2. Zwiebel schälen und würfeln. Eine flache Auflaufform mit 20 g Butter ausstreichen. Die Makrelen hineinlegen, mit Zwiebeln bestreuen, mit der Hälfte des Calvados begießen und abdecken.
3. Im vorgeheizten Backofen bei 200°C 10 – 15 Min. garen lassen.
4. Fische herausnehmen und warm stellen. Kochsud bereitstellen.
5. 20 g Butter schmelzen, Mehl darüber stäuben und durchschwitzen lassen. Mit Fischsud und dem restlichen Calvados ablöschen und aufkochen. Restliche Butter unter die Sauce rühren, mit Zitronensaft abschmecken und mit Dill verfeinern.
6. Makrelen anrichten und die Sauce darüber gießen.

Vorbereitungszeit: 10 Min.
Zubereitungszeit: 25 Min.

Pro Portion
4031 kJ / 959 kcal

Sardinen vom Grill

16 küchenfertige Sardinen
2 EL Olivenöl
3 Zitronen
3 EL Schalottenringe
1 TL Weißweinessig
2 feingehackte Knoblauchzehen
2 TL gehackter Kerbel
Salz
Pfeffer
1/8 l Weißwein

1. Sardinen waschen und trockentupfen.
2. Den Grill vorheizen.
3. Die Fische auf eingeölter Alufolie auf den Rost legen und von jeder Seite etwa 2 – 3 Min. grillen.
4. Sardinen abkühlen lassen. 2 Zitronen in dünne Scheiben schneiden und die andere Zitrone auspressen.
5. Eine Kasserolle mit den Schalotten und Zitronenscheiben auslegen und mit dem restlichen Öl und Essig beträufeln.
6. Jetzt die Fische lagenweise einschichten und zwar in der Reihenfolge: zuerst Sardinen, dann Zitronensaft, Knoblauch, Kerbel, Salz und Pfeffer. Dann wieder eine Lage Fisch und würzen. Den Wein darüber gießen und zugedeckt an einen kühlen Platz 20 – 24 Std. durchziehen lassen.

Vorbereitungszeit: 15 Min.
Zubereitungszeit: 10 Min.
Kühlzeit: 24 Std.

Pro Portion
1044 kJ / 248 kcal

Makrelen mit Kräuterfüllung

2 küchenfertige Makrelen
1 EL Rotwein- oder Estragonessig
40 g Butter
2 TL Senf
3 EL grob gehackte Petersilie
1 in dünne Scheiben geschnittene Zitrone
Salz
Pfeffer
1 EL getrockneter Estragon
1 TL Öl

1. Zuerst die Fische waschen, trockentupfen und mit Essig beträufeln.
2. Butter mit Senf mischen und die Makrelen damit von innen einstreichen.
3. Mit Petersilie und Zitronenscheiben füllen und mit Salz, Pfeffer und Estragon würzen.
4. Auf eine gefettete Alufolie legen und von jeder Seite 5 – 7 Min. grillen.

Vorbereitungszeit: 10 Min.
Zubereitungszeit: 15 Min.

Pro Portion
1828 kJ / 435 kcal

Helgoländer Fischsuppe

75 g magerer Speck
400 g Frühlingszwiebeln
200 g junge Möhren
500 g Kartoffeln
1 1/2 l Gemüsebrühe (Fertigprodukt)
1 EL Tomatenmark
1 EL gehackte Petersilie
2 Pfeffermakrelenfilets
150 g Sprotten

1. Speck würfeln und in einer Kasserolle auslassen.
2. Die Frühlingszwiebeln, Möhren und Kartoffeln in dünne Scheiben schneiden, zum Speck geben und andünsten.
3. Brühe, Tomatenmark und Petersilie hinzufügen. Bei schwacher Hitze etwa 20 – 25 Min. garen.
4. Pfeffermakrelen und Sprotten kleinschneiden und 5 Min. in der Suppe ziehen lassen.
5. Vor dem Servieren mit etwas gehackter Petersilie bestreuen.

Vorbereitungszeit: 15 Min.
Zubereitungszeit: 35 Min.

Pro Portion
5601 kJ / 1333 kcal

Heringsalat „Middelburg"

8 gut gewässerte Salzheringe
2 Äpfel
3 hartgekochte Eier
1 Zwiebel
2 Cornichons
1 Glas rote Bete (150 g)
200 g Schweinebratenaufschnitt
2 EL Silberzwiebel
2 EL Sahne
5 EL Zitronensaft
1 TL Senf
5 EL Sojaöl
je 1 Prise Zucker und Salz
Salatblätter, Cornichons und Eischeiben zum Garnieren
1 EL Schnittlauch

1. Heringe enthäuten und entgräten.
2. Äpfel schälen und würfeln. Eier schälen, die Eidotter aufbewahren und das Eiweiß hacken.
3. Zwiebel schälen und fein würfeln. Cornichons, rote Bete, Aufschnitt und Heringsfilets in Würfeln schneiden. Silberzwiebeln zufügen.
4. Eidotter durch ein Sieb streichen, mit Sahne, Zitronensaft, Senf und Öl verrühren. Mit Zucker und wenig Salz pikant abschmecken.
5. Die Salatzutaten gut miteinander mischen und zugedeckt 2 – 3 Stunden durchziehen lassen.
6. Auf Salatblättern anrichten. Mit Cornichons und Eischeiben garnieren und mit Schnittlauch bestreuen.

Vorbereitungszeit: 25 Min.
Kühlzeit: 2 Std.

Pro Portion
3006 kJ / 715 kcal

Matjes „Hausfrauen-art"

4 Matjesheringe
3 Zwiebeln
4 Cornichons
2 Äpfel
2 Becher saure Sahne (je 150 g)
1 Becher Joghurt (150 g)
1 Lorbeerblatt
Salz
Pfeffer
2 EL feingehackter Dill

1. Die Matjesheringe vom Bauch her aufschneiden und ausnehmen. Die dunkle Haut im Inneren mit dem Messer entfernen.
2. Die äußere Haut am Rücken entlang mit einem spitzen Messer einritzen, ebenso am Kopf quer zu den Kiemen. Die Haut an dieser Stelle mit einem Messer anheben und zum Schwanz hin vorsichtig abziehen. Kopf und Schwanz anschließend mit einer Küchenschere abschneiden.
3. Die Matjesheringe flach auseinanderklappen und dann vom Schwanz zum Kopfende hin mit leichtem Fingerdruck an der Mittelgräte entlangfahren. Dadurch teilen sich die Filets. Kleine Gräten mit einem Messer entfernen und die Filets unter fließendem Wasser abspülen.
4. 1/2 Stunde lang mit Wasser oder Milch bedeckt ziehen lassen. In der Zwischenzeit Zwiebeln schälen und in feine Ringe schneiden. Die Cornichons fein würfeln. Äpfel waschen, vierteln, entkernen und in dünne Scheiben schneiden.
5. Saure Sahne mit Joghurt verquirlen. Lorbeerblatt hinzufügen. Die kleingeschnittenen Zutaten untermischen, und die Sauce mit Salz und Pfeffer abschmecken. Zuletzt den feingehackten Dill unterziehen. Die Matjesfilets abtropfen lassen und auf einer Platte mit der Sahnesauce anrichten.

Vorbereitungszeit: 20 Min.
Zubereitungszeit: 10 Min.

Pro Portion
2910 kJ / 693 kcal

Räucherfisch mit Rührei

4 Scheiben Schwarzbrot
100 g Butter
4 geräucherte Makrelenfilets
6 Eier
6 EL Milch
Salz
Pfeffer
Salatblätter und Zwiebelringe zum Garnieren

1. Brote mit 50 g Butter bestreichen und die Makrelenfilets entgräten.
2. Eier und Milch verquirlen, mit Salz und Pfeffer würzen. Dann die restliche Butter zerlassen, die Eier darin stocken lassen.
3. Rührei auf die Brote verteilen und mit einem Salatblatt abdecken.
4. Die Makrelenfilets darauflegen und garnieren.

Vorbereitungszeit: 10 Min.
Zubereitungszeit: 15 Min.

Pro Portion
3045 kJ / 725 kcal

Berliner Hering mit Stippe

8 gut gewässerte Salzheringsfilets
Friséesalat zum Anrichten

Für die Stippe:
300 g roher Bauchspeck
1 Zwiebel
50 g Butter
Salz
Pfeffer

1. Die Fische abspülen und trockentupfen.
2. Salatblätter waschen und abtropfen lassen.
3. Heringsfilets auf dem Salat anrichten.
4. Für die Stippe Speck und Zwiebeln fein würfeln, goldgelb rösten und sparsam mit Salz und Pfeffer würzen.
5. Sehr heiß zum Hering servieren.

Vorbereitungszeit: 10 Min.
Zubereitungszeit: 10 Min.

Pro Portion
3126 kJ / 744 kcal

Thunfisch mit Knoblauch und Oliven

400 g Champignons
150 g grüne Oliven
2 in Würfel geschnittene Zwiebeln
200 g in Würfel geschnittenes Toastbrot
30 g Butter
4 in Stifte geschnittene Thunfischsteaks
3 Knoblauchzehen
3 EL Olivenöl
Salz
Pfeffer

1. Champignons und Oliven in Scheiben schneiden.
2. Mit Zwiebel- und Weißbrotwürfeln in Butter etwa 10 Min. braten. Mit Salz und Pfeffer abschmecken und warm stellen.
3. Thunfisch einige Male einritzen und die Knoblauchstifte hineinstecken.
4. Fisch in Öl von jeder Seite 3 Min. braten. Mit Salz und Pfeffer würzen.
5. Die Champignonmischung darauf verteilen.

Vorbereitungszeit: 20 Min.
Zubereitungszeit: 20 Min.

Pro Portion
3223 kJ / 767 kcal

Ausgebackene Sardinen mit Zucchini

2 Zucchini
1 Glas gefüllte Oliven (125 g)
2 Knoblauchzehen
2 EL Olivenöl
Salz
Pfeffer
500 g Sardinen
30 g Mehl
1 Ei
100 g Paniermehl
1 kg Fritierfett
einige Salatblätter und Zitronenspalten zum Garnieren

1. Zucchini waschen, halbieren und in große Würfel schneiden.
2. Oliven in Scheiben und Knoblauchzehen in Stückchen schneiden.
3. In Öl dünsten und mit Salz und Pfeffer kräftig würzen.
4. Sardinen ausnehmen, waschen und gründlich trockentupfen.
5. Ei verquirlen. Sardinen erst in Mehl, dann in Ei und zum Schluß in Paniermehl wenden.
6. Fritierfett erhitzen und die Sardinen darin portionsweise 1 – 2 Min. goldbraun ausbacken.
7. Gemüse und Sardinen auf Salatblättern anrichten und mit Zitronenspalten garnieren.

Vorbereitungszeit: 20 Min.
Zubereitungszeit: 25 Min.

Pro Portion
1852 kJ / 441 kcal

Heringe mit Zwiebelkartoffeln

1 kg küchenfertige grüne Heringe
Salz
Pfeffer
Mehl
5 EL Öl
500 g Kartoffeln
2 EL gewürfelter Speck
2 in Ringe geschnittene Zwiebeln

1. Heringe filetieren, waschen und trockentupfen. Danach salzen und pfeffern, in Mehl wenden und in Öl knusprig braten. Warm stellen.
2. Kartoffeln schälen und in etwa fingerbreite Stifte schneiden. Speck kurz anbraten, Kartoffeln zugeben, salzen und mit den zu Ringen geschnittenen Zwiebeln belegen. Langsam in geschlossener Pfanne gar braten.
3. Die Kartoffeln zu den Bratheringen servieren.

Vorbereitungszeit: 10 Min.
Zubereitungszeit: 35 Min.

Pro Portion
3524 kJ / 839 kcal

Thunfischauflauf

4 Fleischtomaten
1 Gemüsezwiebel
1 EL gehackter Thymian
100 g grob geraspelter Greyerzer Käse
20 g Butter für die Form
Salz
Pfeffer
1 Dose Thunfisch in Öl (150 g)

1. Tomaten waschen und kreuzweise einschneiden.
2. Gemüsezwiebel schälen, vierteln und in dünne Scheiben schneiden.
3. Eine feuerfeste Form leicht einfetten und mit der Hälfte der Zwiebeln auslegen.
4. Tomaten hineinsetzen. Mit Salz und Pfeffer würzen. Thunfisch etwas zerteilen und mit dem Öl zwischen die Tomaten geben.
5. Restliche Zwiebeln, Käse und Thymian mischen und darüberstreuen. Im vorgeheizten Backofen bei 200 °C 15 – 20 Min. backen.

Vorbereitungszeit: 15 Min.
Zubereitungszeit: 25 Min.

Pro Portion
1768 kJ / 421 kcal

KRUSTEN- UND SCHALENTIERE

Auch königliche Hummer, köstliche Kneifer, Ritter der Tiefe oder gepanzerte Genüsse genannt. Sie sind Wasserbewohner von eigenartiger, rauher Schönheit. Das harte Äußere schützt und schmückt sie zugleich. Sie spielen kulinarisch eine immer größer werdende Rolle.

Die begehrtesten Krustentiere sind: Flußkrebse, Hummer, Languste, Kaisergranat, Garnele und Taschenkrebse.
Flußkrebse leben im Süßwasser, die anderen Arten sind Seekrebse und Meeresbewohner. Die Kruste, auch Panzer genannt, ist hart und fest und schützt das schmackhafte, feste, rötlichweiße Fleisch.
Fast noch zahlreicher als die Arten der Krebsfamilie sind die Bezeichnungen des Handels. So wird der Kaisergranat auch als Tiefseekrebs, Scampi, Hummerkrabbe oder Prawn angeboten.
Garnelen gibt es als Crevetten, Krabben, Shrimps oder Gambas. Eine andere Weichtierart sind die Muscheln. Hier wird das zarte Innere von zwei harten Schalen geschützt, die sich durch einen Muskel öffnen oder schließen lassen.
Frische, lebende Muscheln riechen nach Salz und Meer und sind fest geschlossen. Achten Sie unbedingt auf diese Merkmale. Sortieren Sie solche mit geöffneten Schalen aus, denn sie sind bereits abgestorben und nicht genießbar.

Krustentiere

Hummer

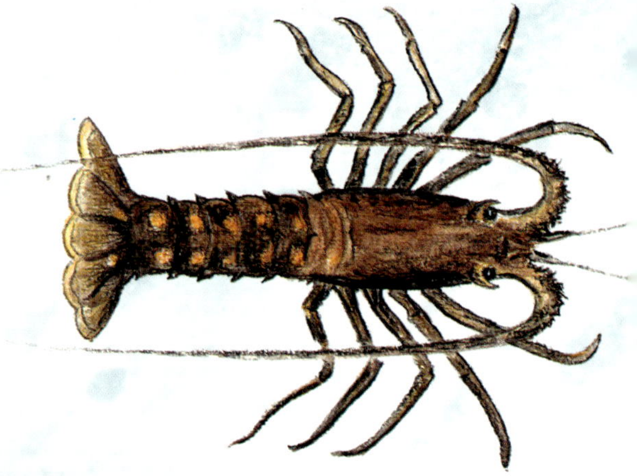

Languste

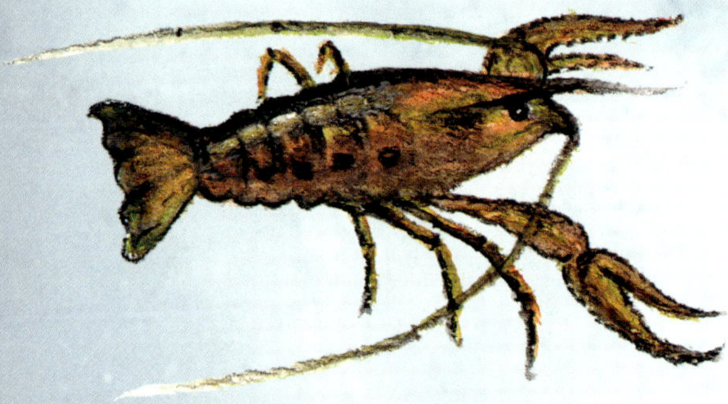

Flußkrebs

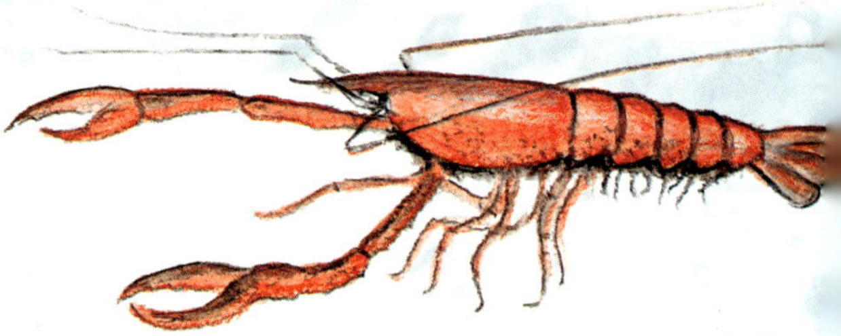

Kaisergranat

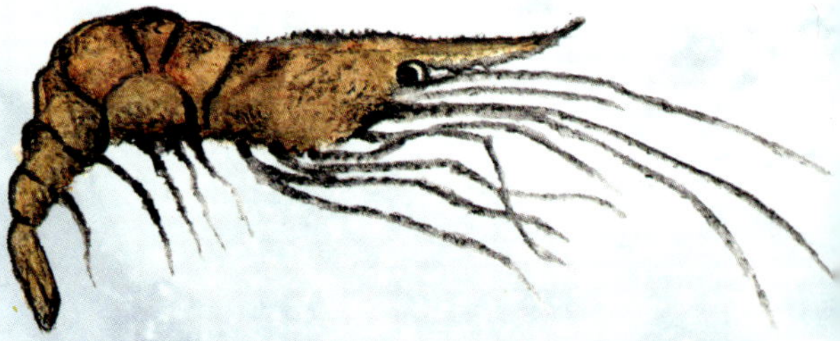

Garnele

Taschenkrebs

Schalentiere

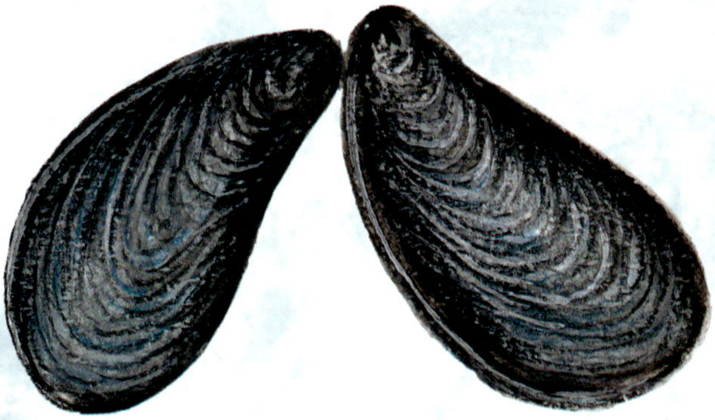

Miesmuschel

Auster

Jakobsmuschel

Tintenfisch

Venusmuschel

WARENKUNDE

Krebstiere sind ziemlich rauhe, wehrhafte Gesellen mit hartem Panzer und einem delikaten Inneren.
Sie leben in allen Weltmeeren und sind ausgesuchte Leckerbissen für Feinschmecker.

Der Hummer
ist einer der größten Seekrebse und kann etwa 8–9 kg schwer werden. Mit den kräftigen Scheren kann er ganz schön zwicken (Nehmen Sie sich davor in acht, wenn Sie ihn lebend kaufen, bzw. lassen Sie sich die Scheren vom Händler zusammenbinden). Frischer Hummer wird unter fließendem Wasser kräftig abgebürstet. Dann geben Sie ihn mit dem Kopf voran in einen Topf mit kochendem Wasser oder Sud, um ihn schnell zu töten. Während des Kochens wird der Panzer leuchtend rot. Das Zerlegen ist einfacher, als es aussieht. Zuerst werden die Scheren und Gelenke abgebrochen und der Schwanz abgezogen. Die ungepanzerte Seite des Schwanzes und das größere Scherenglied werden aufgeschnitten. Mit einer kleinen Gabel wird das Fleisch aus den Scheren und Gelenken geholt. Der dunkle Darm wird vorsichtig mit dem Messer entfernt.

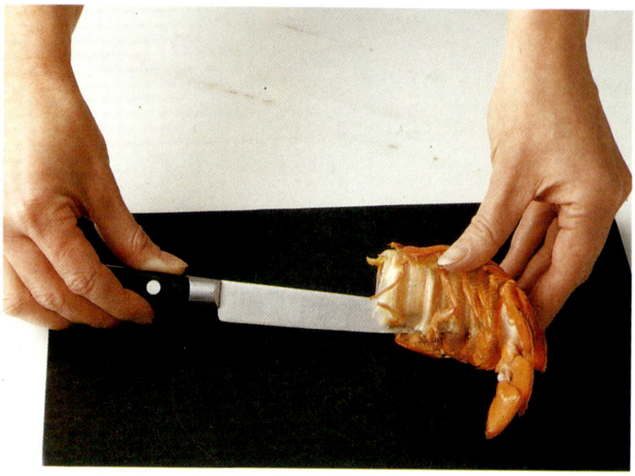

Die Languste
ist etwas kleiner und schlanker als der Hummer und gehört wie dieser ebenfalls zur Familie der Seekrebse. Sie sieht dem Hummer zwar ähnlich, hat jedoch im Gegensatz zu ihm anstelle der Scheren lange Fühler und einen stacheligen Panzer.

Kaisergranat
auch Scampi genannt, sind die kleineren Verwandten der Krebsfamilie. Sie werden sofort nach dem Fang auf See gekocht oder tiefgekühlt, da sie leicht verderben. Verwendet werden nur die fleischigen Schwänze.

Garnelen
sind die kleinsten und artenreichsten Seekrebse. Am bekanntesten sind die Nordseekrabben.

Flußkrebse
lebten bis zur Jahrhundertwende in großer Zahl in unseren heimischen Bächen und Flüssen.
Heute kommen sie aus Züchtereien und sind entsprechend teuer.
Aber es lohnt sich – so ein fröhliches, ungezwungenes Krebsessen in geselliger Runde. Mit den Fingern zu essen und die Schalen genüßlich auszulutschen gehört dabei zum guten Ton! Ähnlich wie beim Hummer werden Scheren, Schwanz und die Füßchen abgebrochen. Die Spitzen der Scheren lassen sich mit einem speziellen Krebsmesser abbrechen oder mit dem Nußknacker aufbrechen. Der Schwanz wird von der Unterseite her aufgeschnitten oder mit den Fingern aufgebrochen. Füße und Körper können Sie einfach auslutschen.

Muscheln
Durch moderne und schnelle Transportmöglichkeiten sind frische Muscheln ohne Qualitätsverlust im Binnenland erhältlich. Saison für **Mies- oder Pfahlmuscheln** ist von September bis April (alle Monate mit „r"). Sie sind eine preiswerte Abwechslung auf Ihrer Speisekarte.
Wenn Sie die folgenden Hinweise beachten, wird das nächste Muschelessen ein ungetrübter Genuß.
Nach Möglichkeit sofort verwenden. Gut gekühlt, lassen sie sich max. 24 Stunden aufbewahren. Muscheln muß man einzeln aussortieren, offene und solche, die sich nach dem Berühren nicht schließen, wegwerfen. Unter fließendem Wasser so lange bürsten, bis sie sandfrei sind. Die Bartfäden abschneiden.
Beim Essen holen Sie aus der ersten Muschel das Fleisch mit der Gabel heraus. Dann nehmen Sie die leeren Schalen zum Weiteressen.
So problemlos läßt sich die **Auster** nicht öffnen. Hier müssen Sie schon etwas Kraft aufwenden. Die Abb. zeigt, wie es gemacht wird: Nachdem sie unter fließendem Wasser kräftig abgebürstet wurde, die Auster in eine Hand nehmen. Dann sollten Sie ein stabiles Küchenmesser mit kurzer Schneide oder ein Austernmesser zwischen die beiden Schalen schieben und diese durch eine kurze, hebelartige Drehbewegung öffnen.

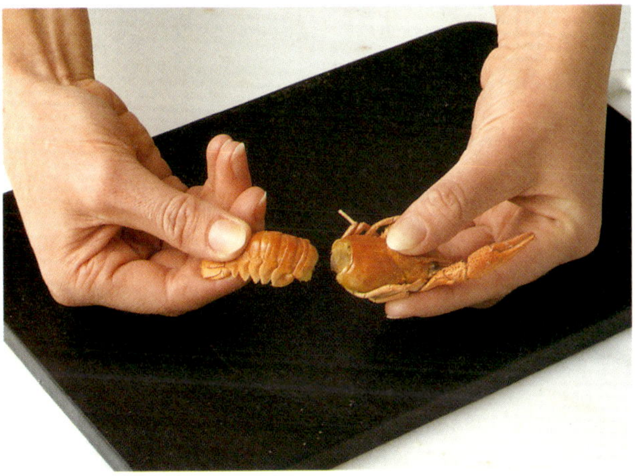

Sauce Mousseline

150 g Butter
3 Eigelb
2 EL Wasser
1 EL Zitronensaft
Salz
Pfeffer
1 Prise Cayennepfeffer
4 EL Sahne

1. Butter bei milder Temperatur zerlassen.
2. In einem Topf Eigelb mit Wasser, Zitronensaft und einer Prise Salz verquirlen. Im Wasserbad schaumig schlagen.
3. Nach und nach die Butter hinzufügen.
4. So lange schlagen, bis eine cremige Sauce entsteht.
5. Mit den Gewürzen abschmecken.
6. Die Sahne steif schlagen und unmittelbar vor dem Servieren leicht unter die Sauce ziehen.

Zubereitungszeit: 25 Min.

Pro Portion
1506 kJ / 358 kcal

Feldsalat mit Kerbel-Vinaigrette

1 Knoblauchzehe
1 1/2 TL Salz
1/2 TL Pfeffer
10 ml Essig
10 ml Weißwein
30 ml Öl
1 1/2 EL Kerbelblättchen
200 g Feldsalat

1. Die abgezogene Knoblauchzehe mit Salz und Pfeffer zerdrücken.
2. Essig und Wein zufügen und so lange rühren, bis das Salz aufgelöst ist.
3. Öl darunterrühren und die Kerbelblättchen dazugeben.
4. Feldsalat verlesen, waschen und vorsichtig trockenschleudern.
5. Erst kurz vor dem Servieren locker mit der Vinaigrette mischen.

Vorbereitungszeit: 5 Min.
Zubereitungszeit: 10 Min.

Pro Portion
333 kJ / 79 kcal

Avocado-schnitten

1 reife Avocado
1 Zitrone
1/2 Becher Crème fraîche (75 g)
Salz
Pfeffer
4 Scheiben Toastbrot

1. Die Avocado halbieren und den Kern entfernen. Fruchtfleisch auslösen und mit einer Gabel zerdrücken.
2. Mit dem Saft einer Zitrone Crème fraîche, Salz und Pfeffer verrühren.
3. 4 halbierte Scheiben Toastbrot mit dem Mus bestreichen.

Vorbereitungszeit: 5 Min.
Zubereitungszeit: 10 Min.

Pro Portion
837 kJ / 199 kcal

Gemüsepüree

500 g Möhren
500 g Brokkoli
40 g Butter
Pfeffer

1. Möhren waschen, schälen und in Stücke schneiden, in einem Achtelliter Salzwasser etwa 10 Min. weich kochen.
2. Brokkoli putzen, harte Stielenden abschneiden, waschen und abtropfen lassen. In wenig Salzwasser ca. 10 Min. garen.
3. Beide Gemüsesorten mit Kochflüssigkeit getrennt im Mixer pürieren, jeweils die Hälfte Butter zugeben und mit Salz und Pfeffer abschmecken.

Vorbereitungszeit: 10 Min.
Zubereitungszeit: 20 Min.

Pro Portion
647 kJ / 154 kcal

Krustentiere

Krustentiere gehören zur Familie der Seekrebse und bevölkern in vielen Arten und Größen alle Weltmeere.

Friesisches Himmelreich

200 g gewürfelter Speck
2 EL Olivenöl
3 EL gehackte Zwiebeln
500 g Pellkartoffeln
Salz
200 g Nordseekrabben
4 Eier, 1 EL Butter

1. Speck in Öl auslassen. Zwiebel 3 Min. dünsten.
2. Kartoffeln pellen, würfeln, hinzufügen, salzen und 5 – 10 Min. rösten.
3. Krabben darunterheben und kurz anbräunen.
4. Spiegeleier braten, salzen und auf die Kartoffeln setzen.

Vorbereitungszeit: 10 Min.
Zubereitungszeit: 25 Min.

Pro Portion
2520 kJ / 600 kcal

Pikanter Sommersalat

1 Kopf Salat
4 hartgekochte Eier
8 gefüllte Oliven
1 rote Zwiebel
100 g Nordseekrabben
150 ml Joghurt-Salatsauce (Fertigprodukt)
2 EL gehackte Kräuter (Dill, Basilikum, Kerbel)

1. Salat zerpflücken, waschen, abtropfen lassen.
2. Eier und Oliven in Scheiben, Zwiebel in Ringe schneiden.
3. Das Ganze mit Salat und Krabben mischen.
4. Die Sauce mit den Kräutern verrühren und zum Salat reichen.

Zubereitungszeit: 15 Min.

Pro Portion
1726 kJ / 411 kcal

Grüne Krabbensülze

300 g Mangold
200 g gekochte
Nordsee-Krabben
100 g Keta-Kaviar
6 Blatt Gelatine
1/2 l Fischfond
(Fertigprodukt)
1 Gläschen
trockener Sherry (2 cl)
3/4 Becher Crème fraîche
(ca. 100 g)
1/2 TL mittelscharfer Senf
Salz
Pfeffer
Dill zum Garnieren

1. Bei den Mangoldstielen die dicken, weißen Rippen herausschneiden, waschen und in Salzwasser nicht zu weich kochen. Anschließend recht grob hacken.
2. Gelatine in kaltem Wasser einweichen, ausdrükken und im heißen Fischfond auflösen und dann mit der Hälfte des Sherrys abschmecken.
3. Auf Zimmertemperatur abkühlen lassen, in die Förmchen gießen und im Kühlschrank fest werden lassen.
4. Crème fraîche und Senf verrühren, mit Salz und Pfeffer würzen und mit dem restlichen Sherry verfeinern.

Vorbereitungszeit: 10 Min.
Zubereitungszeit: 20 Min.

Pro Portion
2012 kJ / 479 kcal

Tomaten mit herzhafter Füllung

100 g wilder Reis
2 Stangen Staudensellerie
2 Zwiebeln
300 g gekochte
Nordseekrabben
40 g gehackte Walnüsse
6 EL Mayonnaise
2 EL Zitronensaft
1 Msp Curry
1 EL Sojasauce
Salz
Pfeffer
8 Tomaten

1. Reis in 45 Min. gar kochen, abtropfen und erkalten lassen.
2. Selleriestangen längs halbieren, waschen und dann zu feinen Scheiben schneiden.
3. Zwiebeln schälen und in dünne Ringe schneiden.
4. Alles mit Krabben und Nüssen mischen.
5. Mayonnaise mit Zitronensaft, Curry, Sojasauce, Salz und Pfeffer gründlich verrühren.
6. Locker unter den Krabbenreis ziehen.
7. Von den Tomaten einen Deckel abschneiden, Unterteile aushöhlen und mit Krabbenreis füllen.

Vorbereitungszeit: 10 Min.
Zubereitungszeit: 30 Min.

Pro Portion
1852 kJ / 440 kcal

Langusten „Lukull"

4 kleine Langusten
40 g Butter
40 g feingehackte Zwiebeln
5 cl Cognac
10 cl trockener Weißwein
1 TL gehackter Kerbel
15 cl Sahne
Salz
Pfeffer

Für die Füllung:

200 g Muschelfleisch
3 Eier
15 cl Sahne

1. Die Langusten der Länge nach halbieren. Die Zwiebeln in Butter einbräunen. Langusten mit der Fleischseite nach unten hineingeben und etwas anbraten.
2. Mit Cognac flambieren, Weißwein und Kerbel zugeben, die Langusten umdrehen und zugedeckt bei kleinster Hitze etwa noch 20 Min. garen.
3. Dann die Langusten herausnehmen, Fleisch auslösen; warm stellen.
4. Unter den Saucenfond 15 cl Sahne rühren, kurz aufkochen.
5. Mit Salz und Pfeffer abschmecken und passieren.
6. Für die Füllung das Muschelfleisch, die Eier und die Sahne im Mixer zerkleinern, in die leeren Schalen füllen und im Backofen bei 200°C 15 Min. überbacken.
7. Auf vorgewärmten Tellern anrichten, das ausgelöste Fleisch dazulegen und mit Sauce überziehen.

Vorbereitungszeit: 5 Min.
Zubereitungszeit: 50 Min.

Pro Portion
2241 kJ / 533 kcal

Flusskrebs-salat

1 Möhre
1 Zwiebel
1 Stange Lauch
(jeweils grob geschnitten)
30 – 40 Flußkrebse
1 Kästchen Kresse
250 g Schwarzwurzeln aus dem Glas
3 Möhren
2 EL Distelöl
2 EL trockener Sherry
1 EL Rotweinessig
Salz
Pfeffer
Zucker

1. Das Gemüse in 2 1/2 l Wasser aufkochen.
2. Krebse in den kochenden Sud geben.
3. Kresse waschen. Die Schwarzwurzeln auf einem Sieb abtropfen lassen.
4. Die Möhren schälen, in dünne Streifen schneiden und 2 Min. blanchieren.
5. Die Krebse aus dem warmen Sud nehmen. Die Schalen aufbrechen, Schwanz- und Scherenfleisch auf einen Teller legen. Etwas zerpflücken.
6. Aus Öl, Sherry, Essig, Salz, Pfeffer und Zucker eine Marinade zubereiten und bei kleinster Hitze unter Rühren erwärmen.
7. Kurz vor dem Servieren alle vorbereiteten Zutaten mischen, auf Tellern anrichten und mit der Marinade übergießen.

Vorbereitungszeit: 10 Min.
Zubereitungszeit: 20 Min.

Pro Portion
872 kJ / 207 kcal

Krebse aus dem Sud

3 Möhren
2 Frühlingszwiebeln
150 g Staudensellerie
2 rote Zwiebeln
2 EL Butter
2 EL Cognac
1/4 l Rosewein
Salz
Pfeffer
30 – 40 Flußkrebse

1. Gemüse putzen und in Würfel schneiden. Butter zerlassen und das Gemüse darin anbraten.
2. Mit Cognac ablöschen. Dann Wein und 1 l Wasser zugießen.
3. Den Sud mit Salz und Pfeffer abschmecken, aufkochen und die Krebse hineingeben.
4. Bei schwacher Hitze zugedeckt ca. 10 Min. ziehen lassen.
5. Die Krebse heiß im Sud servieren.

Vorbereitungszeit: 10 Min.
Zubereitungszeit: 20 Min.

Pro Portion
1127 kJ / 268 kcal

Flusskrebse auf fränkische Art

1 l Wasser
1 l trockener Frankenwein
1 Lorbeerblatt
1 TL getrockneter Thymian
1 TL Salz
1/2 TL Pfeffer
30 – 40 Flußkrebse
4 kleingeschnittene Schalotten
25 g Butter
1 Becher Sahne (200 g)
1 EL gehackter Borretsch

1. In einem großen Topf Wasser mit Wein, Lorbeerblatt, Thymian, Salz und Pfeffer zum Kochen bringen.
2. Die Krebse darin portionsweise kochen, herausnehmen und warm stellen.
3. Den Sud ca. 20 Min. einkochen lassen.
4. Die Schalotten in der Butter glasig dünsten. 3/4 l des Krebssud und die Sahne zugeben. Nochmals 10 Min. einkochen.
5. Die Sauce durch ein Sieb passieren, Borretsch unterziehen und zum Einstippen zu den Krebsen reichen.

Vorbereitungszeit: 10 Min.
Zubereitungszeit: 40 Min.

Pro Portion
2103 kJ / 500 kcal

Hummer-krabben in Rotwein

30 g Butter
8 Hummerkrabben
1 Dose Artischockenböden (150 g)
1/2 TL grüner Pfeffer
1 zerdrückte Knoblauchzehe
1 kleine Dose geschälte Tomaten (200 g)
1/4 l trockener Rotwein
Salz
Pfeffer
Salatblätter und Zitronenscheiben zum Garnieren

1. Die Butter in einer Pfanne erhitzen und die Hummerkrabben darin kurz andünsten.
2. Die Artischocken auf einem Sieb abtropfen lassen und dazugeben.
3. Zerdrückte Knoblauchzehe und Tomaten (ohne Flüssigkeit) ebenfalls zugeben. Alles ca. 5 Min. dünsten. Mit Rotwein ablöschen und mit Salz und Pfeffer würzen.
4. Die Hummerkrabben auf Salatblättern anrichten und mit Zitronenscheiben garnieren.

Vorbereitungszeit: 5 Min.
Zubereitungszeit: 15 Min.

Pro Portion
682 kJ / 162 kcal

Crêpes „Alaska"

Für den Teig:

250 g Mehl
4 Eier
20 g zerlassene Butter
1/4 l Milch
1/2 l Wasser
50 g Butterschmalz zum Braten

Für die Füllung:

40 g Butter
150 g Shrimpsfleisch
4 Hummerkrabben (ausgelöst)
2 Langusten (ausgelöst)
1 Becher Sahne (200 g)
2 cl Pernod
2 cl Champagner
1 EL gehackter Dill

1. Teig aus den angegebenen Zutaten anrühren.
2. Portionsweise hauchdünne Crêpes in einer Pfanne ausbacken und warm stellen.
3. In der Zwischenzeit Butter in einer Pfanne erhitzen und das Shrimpsfleisch zusammen mit den Hummerkrabben und dem Langustenfleisch anbraten.
4. Das Ganze mit der Sahne ablöschen, mit Pernod und Champagner abschmecken und mit Dill verfeinern.
5. Die Crêpes mit der Füllung servieren.

Vorbereitungszeit: 10 Min.
Zubereitungszeit: 25 Min.

Pro Portion
2503 kJ / 596 kcal

Fritierte Scampi

1 kg Scampi
100 g Zuckerschoten
200 g Sellerie
100 g Champignons
1 Eigelb
1/2 l Wasser
250 g Mehl
1 kg Fritierfett
Salz
Petersilie zum Garnieren
2 Zitronen
in Spalten geschnitten

1. Scampi von den Schalen befreien.
2. Zuckerschoten putzen, Fäden entfernen und waschen. Sellerie waschen, schälen und in dicke Stifte schneiden. Champignons waschen.
3. Für den Teig Eigelb und 1/2 l Wasser verrühren, Mehl sieben und unterrühren.
4. Fett in einer Friteuse erhitzen. Fisch und Gemüse portionsweise in den Teig tauchen und im heißen Fett ausbacken, anrichten und mit etwas Petersilie garnieren.
5. Mit Salz würzen und mit einigen Zitronenspalten garniert servieren.

Vorbereitungszeit: 10 Min.
Zubereitungszeit: 25 Min.

Pro Portion
1890 kJ / 450 kcal

Gedünstete Taschenkrebse

1 Möhre
1 Schalotte
1 Lorbeerblatt
1/4 l Wasser
1/4 l trockener Weißwein
Salz
Pfeffer
1 kg Taschenkrebse
1 Zitrone
4 EL Öl
Eichblattsalat, Dill und
Zitrone zum Garnieren

1. Möhre und Schalotte schälen und beides in Scheiben schneiden. Zusammen mit Lorbeerblatt, Wasser und Wein in einen Topf geben. Kräftig salzen, pfeffern und zugedeckt etwa 15 Min. köcheln lassen.
2. In der Zwischenzeit die Krebse unter kaltem Wasser gründlich waschen und abtropfen lassen.
3. In den Topf geben und bei sanfter Hitze 6 – 8 Min. garen.
4. Den Topf vom Herd nehmen und die Krebse im Sud erkalten lassen. Anschließend Scheren und Füßchen abbrechen. Die Scheren etwas anschlagen, um das Fleisch besser auslösen zu können.
5. Den Saft einer Zitrone mit 2 – 3 EL Kochsud verrühren und nach und nach das Öl darunterziehen. Die Sauce über das Krebsfleisch gießen.
6. Gut gekühlt auf Eichblattsalat, mit Dill und Zitrone verziert, servieren.

Vorbereitungszeit: 10 Min.
Zubereitungszeit: 25 Min.

Pro Portion
921 kJ / 219 kcal

Shrimps-Cocktail

2 hartgekochte Eier
1 kleiner Kopf Eichblattsalat
200 g Shrimpsfleisch
4 EL Mayonnaise
1/2 Becher saure Sahne (75 g)
1 EL Tomatenketchup
2 EL Zitronensaft
Salz
Pfeffer
Zucker
Zitronenscheiben und Dill zum Garnieren

1. Die hartgekochten Eier in Scheiben schneiden.
2. Salat waschen, abtropfen lassen und in Streifen schneiden. Eischeiben, Salat und Shrimpsfleisch mischen und in Gläser füllen.
3. Mayonnaise, saure Sahne und Tomatenketchup verrühren. Mit Zitronensaft, Salz, Pfeffer und Zucker abschmecken.
4. Die Sauce auf die Gläser verteilen und die Cocktails mit Zitronenscheiben und ein wenig Dill garnieren.

Vorbereitungszeit: 10 Min.
Zubereitungszeit: 15 Min.

Pro Portion
931 kJ / 221 kcal

Langusten-salat

2 EL Tomatenketchup
1 EL geriebener Meerrettich
1 EL Zitronensaft
2 EL Öl
60 g Crème fraîche
400 g gekochtes Langustenfleisch
Friséesalat
Walnußkerne
100 g Standsellerie

1. Den Ketchup mit Meerrettich, Zitronensaft, Öl und Crème fraîche mischen, eventuell noch salzen und pfeffern.
2. Das Langustenfleisch in Würfel schneiden.
3. Den Staudensellerie in Stücke schneiden, blanchieren und mit dem Langustenfleisch mischen.
4. Auf vier mit Frisée ausgelegte Schalen verteilen.
5. Sauce darüber gießen, und mit Walnußkernen garnieren.

Vorbereitungszeit: 5 Min.
Zubereitungszeit: 15 Min.

Pro Portion
1188 kJ / 282 kcal

Hummerkrab-benpfanne

8 Hummerkrabben
1 EL Zitronensaft
2 EL Worcestersauce
Salz
2 zerdrückte Knoblauchzehen
4 EL Öl
2 rote, in Ringe geschnittene Zwiebeln
1 Staude Stangensellerie
Pfeffer
100 g Waßnußkerne

1. Die Hummerkrabben von der Schale befreien, waschen, trockentupfen.
2. Zitronensaft, Worcestersauce, Salz und mit der Hälfte der zerdrückten Knoblauchzehen verrühren. Die Hummerkrabben damit einreiben.
3. 1 EL Öl in einem Topf erhitzen. Die Zwiebeln und die restliche zerdrückte Knoblauchzehe zugeben, kurz anschwitzen.
4. Den Stangensellerie in Stücke schneiden . Mit Salz und Pfeffer würzen und so lange dünsten, bis die Flüssigkeit ganz verdunstet ist.
5. Hummerkrabben in Öl von jeder Seite bei geringer Hitze 3 Min. braten.
6. Alles miteinander mischen und anrichten.

Vorbereitungszeit: 10 Min.
Zubereitungszeit: 20 Min.

Pro Portion
451 kJ / 107 kcal

Gurken mit feiner Füllung

1 große Salatgurke
1/8 l Weißwein
1/8 l Wasser
2 EL Kräuteressig
2 EL Zucker
1/2 TL Senfkörner
1 kleines Lorbeerblatt
1 TL Pfefferkörner
1/2 TL Salz
200 g Hummerfleisch
1 Apfel
1 TL Zitronensaft
1 Becher Joghurt (125 g)
Salz, Pfeffer
1 Spritzer Tabascosauce
Zucker
1 Spritzer Sojasauce
1 EL gehackter Dill,
ein Zweig Dill

1. Die Gurke schälen und der Länge nach halbieren. Die Kerne herausheben.
2. Wein mit Wasser, Essig, Zucker, Senfkörnern, Lorbeerblatt, Pfefferkörnern und Salz aufkochen. Die Gurken darin 5 Min. ziehen lassen. Abkühlen.
3. Hummerfleisch in Würfel schneiden.
4. Den Apfel schälen, raffeln und mit etwas Zitronensaft beträufeln.
5. Den Joghurt mit Salz, Pfeffer, Tabascosauce, Zucker und Sojasauce verrühren. Dill und das Hummerfleisch unter die Marinade heben und 10 Min. ziehen lassen.
6. Die Masse in die abgetropften Gurkenhälften füllen. Mit Dill garnieren.

Vorbereitungszeit: 15 Min.
Zubereitungszeit: 25 Min.

Pro Portion
600 kJ / 142 kcal

Kreolische Suppe

2 kleine Möhren
1 l Fischfond (Fertigprodukt)
1 rote Paprikaschote
200 g Rotbarschfilet
4 TL Zitronensaft
200 g Scampi
200 g Garnelen in der Schale
100 g Krebsfleisch
Salz
Pfeffer
1 Döschen Safran (3 – 4 Fäden)
1 Lorbeerblatt
1 TL Schnittlauchröllchen
1 EL gehackte Petersilie

1. Möhren waschen, schälen und in Scheiben schneiden. In den kochenden Fond geben und zugedeckt bei mittlerer Hitze 10 Min. garen.
2. Paprikaschote entkernen, waschen und in Streifen schneiden.
3. Rotbarsch würfeln und mit dem Zitronensaft beträufeln.
4. Paprikaschote, Rotbarsch, Scampi, Garnelen und Krebsfleisch in die Brühe geben. Mit Salz, Pfeffer, Safran und Lorbeerblatt würzen und zugedeckt ungefähr 10 Min. ziehen lassen.
5. Schnittlauch und Petersilie unterrühren.

Vorbereitungszeit: 10 Min.
Zubereitungszeit: 25 Min.

Pro Portion
2754 kJ / 655 kcal

Leichte Kartoffelsuppe

500 g Kartoffeln
400 g Möhren
1 Stange Porree
1 l Gemüsebrühe (Fertigprodukt)
Salz
Pfeffer
1 TL gemahlener Kümmel
1 TL gehackter Thymian
1 Zwiebel
1 Becher Sahne (200 g)
Salz
Pfeffer
1 EL Senf
1 EL gehackter Dill
1/2 Crème double (ca. 60 g)
100 g Shrimps oder Scampi (gekocht und geschält)

1. Kartoffeln und Gemüse schälen und in Stücke schneiden. In der Brühe mit Salz, Pfeffer, Kümmel, Thymian und der abgezogenen Zwiebel 30 Min. kochen lassen.
2. Leicht abgekühlt pürieren. Sahne unterrühren. Gut durchkühlen lassen. Mit Salz, Pfeffer und Senf abschmecken.
3. Gehackten Dill und Crème double im Mixer aufschäumen.
4. Die Suppe in eine Schüssel füllen. Die Dillcreme mit einer Gabel leicht unterziehen.
5. Mit Shrimps oder Scampis servieren.

Vorbereitungszeit: 15 Min.
Zubereitungszeit: 40 Min.

Pro Portion
3678 kJ / 875 kcal

Schalentiere

Schalentiere, wie beispielsweise die Muscheln, gibt es schon seit vielen Millionen Jahren. Sie sind nicht nur eine beliebte Delikatesse, sondern man sagt Ihnen auch geheimnisvolle Kräfte nach.

Miesmuscheln im Sud

4 kg Miesmuscheln
250 g Möhren
1 Stange Porree
1 Stück Sellerie
125 g Zwiebeln
70 g Butter
1 Bund Petersilie
1 Lorbeerblatt
1/2 l Weißwein
einige Pfefferkörner
Salz
1 EL Zitronensaft

1. Zuerst die Miesmuscheln gründlich reinigen und offene Muscheln wegwerfen.
2. Gemüse putzen, waschen und kleinschneiden. In Butter etwa 10 Min. andünsten. Petersilie und Lorbeerblatt zusammenbinden und mit dem Wein dazugeben. Zusammen mit Pfefferkörnern und Salz aufkochen.
3. Dann die Muscheln hineingeben und zugedeckt kochen, bis sich die Schalen öffnen. (ca. 6 Min.)
4. Muscheln mit einer Schaumkelle herausnehmen und warm stellen, das Kräutersträußchen wieder entfernen.
5. Muschelsud aufkochen und mit Zitronensaft abschmecken. Den Sud gesondert zu den Muscheln reichen.

Vorbereitungszeit: 10 Min.
Zubereitungszeit: 25 Min.

Pro Portion
2117 kJ / 504 kcal

Ausgebackene Miesmuscheln

1,5 kg küchenfertige Miesmuscheln
1 Möhre
1 Zwiebel
1 Lorbeerblatt
1 Zweig Petersilie
1 TL Pfefferkörner
2 Nelken
abgeriebene Zitrone
1 TL Salz
1/8 l Weißwein
1 3/4 l Wasser
1 Ei
1/8 l Wasser
1 EL Olivenöl
Pfeffer
100 g Mehl
Öl zum Ausbacken
4 EL Zitronensaft
Joghurtsauce (Fertigprodukt zum Garnieren)

1. Die Muscheln waschen.
2. Die Möhre in Scheiben schneiden und die Zwiebel zerhacken.
3. Beides mit Lorbeer, Petersilie, Pfefferkörnern, Nelken, Zitronenschale, Salz, Wein und Wasser aufkochen.
4. Die Muscheln hineingeben, 10 Min. köcheln und in Sud erkalten lassen.
5. Fleisch aus den Schalen lösen. Warm stellen.
6. Ei mit Wasser und Öl verquirlen, salzen, pfeffern und das Mehl hineinrühren. 1 Stunde ruhen lassen.
7. Die Muscheln durch den Teig ziehen, ausbacken. Anrichten, mit Zitronensaft beträufeln.
8. Joghurtsauce zum Einstippen dazu reichen.

Vorbereitungszeit: 15 Min.
Zubereitungszeit: 30 Min.

Pro Portion
1329 kJ / 316 kcal

Herzhafte Muschelpfanne

200 g gekochter Schinken
1 Zwiebel
4 Knoblauchzehen
1 rote Paprikaschote
1 grüne Paprikaschote
1 EL Butter
200 g Reis
1/2 l Fleischbrühe (Fertigprodukt)
1 Dose geschälte Tomaten (250 g)
500 g küchenfertige Miesmuscheln
300 g geschälte Scampi
Salz
Pfeffer

1. Schinken in feine Streifen schneiden. Die Zwiebel und Knoblauchzehen schälen und fein würfeln. Paprikaschoten entkernen, waschen und in Streifen schneiden.
2. In einer Pfanne Schinkenstreifen, Zwiebeln und Knoblauch und Paprika in Butter andünsten.
3. Reis kurz mitdünsten. Mit Fleischbrühe ablöschen. Alles in eine feuerfeste Form füllen und im Ofen bei 225°C etwa 45 Min. garen.
4. Tomaten abtropfen lassen, den Saft auffangen und bereitstellen. Tomaten fein hacken. Zusammen mit den Muscheln und den Scampi auf den Reis verteilen.
5. Tomatensaft mit Salz und Pfeffer würzen und darüber gießen. Im Backofen weitere 15 Min. garen lassen.

Vorbereitungszeit: 15 Min.
Zubereitungszeit: 70 Min.

Pro Portion
2835 kJ / 675 kcal

Überbackene Miesmuscheln

1 kg Miesmuscheln
1/8 l Wasser
60 g Zwiebeln
150 g Roquefort
1 EL feingehacktes Basilikum
2 EL Sahne
200 g Tomaten
4 EL geriebenes Weißbrot

1. Miesmuscheln gründlich reinigen. Zugedeckt ca. 6 Min. kochen, bis sich die Muscheln öffnen.
2. Inzwischen die Zwiebeln schälen und hacken. Mit Käse, Kräutern und Sahne verrühren.
3. Tomaten überbrühen, abziehen, vierteln, entkernen und in dünne Streifen schneiden.
4. Das Muschelfleisch aus den Schalen lösen. Dabei die großen Muschelschalen zum Überbacken aufbewahren.
5. Jeweils eine Schalenhälfte mit Muschelfleisch füllen, die Tomatenstreifen darauf legen und mit Käsecreme bestreichen.
6. Gefüllte Muscheln auf ein Backblech setzen. Mit geriebenem Brot bestreuen und im vorgeheizten Backofen bei 225°C 10 – 15 Min. überbacken.

Vorbereitungszeit: 15 Min.
Zubereitungszeit: 25 Min.

Pro Portion
1159 kJ / 276 kcal

Geschmorte Venusmuscheln mit Schweinefleisch

1 kg Schweinefleisch (aus dem Schinken)
3 Knoblauchzehen
3 EL Schmalz
3/8 l Weißwein
2 Zwiebeln
1 rote Paprikaschote
1 Dose geschälte Tomaten (250 g)
500 g Venusmuscheln
Salz, Cayennepfeffer
1 Zitrone

1. Das Schweinefleisch in Scheiben schneiden. Die Knoblauchzehen schälen und hacken.
2. 2 EL Schmalz in einer Pfanne erhitzen und das Fleisch darin langsam bräunen.
3. Fleisch aus der Pfanne nehmen und den Wein hineingießen. Bratensatz lösen und die Flüssigkeit auf ungefähr 1/4 l einkochen lassen.
4. Das Fleisch wieder in die Pfanne geben und dann warm stellen.
5. Zwiebeln schälen und in dünne Ringe schneiden. Paprikaschote halbieren, entkernen, waschen und der Länge nach in 1 cm breite Streifen schneiden.
6. Restliches Schmalz in einem Topf erhitzen, Zwiebelscheiben, Paprikastreifen und den gehackten Knoblauch darin 5 Min. dünsten.
7. Tomaten abgießen und grob zerkleinern. Muscheln kurz abspülen und mit den Tomaten zu der Zwiebel- und Paprika-Mischung geben.
8. Zugedeckt bei starker Hitze 10 Min. schmoren lassen, bis sich die Muscheln öffnen.
9. Fleisch mit der Sauce dazugeben und 5 Min. erhitzen. Mit Salz und dem Cayennepfeffer kräftig abschmecken. Anrichten und mit Zitronenspalten garnieren.

Vorbereitungszeit: 15 Min.
Zubereitungszeit: 45 Min.

Pro Portion
1859 kJ / 442 kcal

Jakobs-muscheln-Pasteten

3 Schalotten
1/4 l Weißwein
2 Stengel Petersilie
1/2 TL Pfefferkörner
1/2 TL Salz
4 Jakobsmuscheln
30 g Butter
30 g Mehl
1 Becher Sahne (200 g)
Salz
Pfeffer
100 g Tiefseekrabben
8 kleine Pasteten
(Fertigprodukt)

1. Schalotten schälen, eine halbieren.
2. Wein, Petersilie, halbierte Schalotte, Pfefferkörner und Salz aufkochen.
3. Jakobsmuscheln waschen und ca. 5 Min. in dem Sud ziehen lassen. Dann herausnehmen, in Stücke schneiden und warm stellen.
4. Sud durchsieben und bereitstellen.
5. Die restlichen Schalotten würfeln und in Butter goldgelb andünsten.
6. Mehl darüber stäuben, kurz anschwitzen und mit Sud und Sahne ablöschen.
7. Sauce kurz aufkochen. Mit Salz und Pfeffer abschmecken.
8. Dann die Muscheln und Krabben hineingeben und heiß werden lassen.
9. In der Zwischenzeit die Pasteten im Backofen bei 225° C 5 Min. aufbacken.
10. Pasteten füllen und sofort servieren.

Vorbereitungszeit: 15 Min.
Zubereitungszeit: 30 Min.

Pro Portion
2451 kJ / 583 kcal

Austern mit Garnelen

12 – 16 Austern
Butter
12 – 16 Garnelen
1 Stange Lauch
2 Möhren
1 kleines Stück Sellerie
1 EL Tomatenmark
3 EL Cognac
100 ml Sahne
1 Sträußchen Dill zum Garnieren

1. Die Austern waschen und in viel kochendem Wasser 6 – 8 Min. garen.
2. In der Zwischenzeit die Butter in einer Pfanne erhitzen und die Garnelen darin braten. Herausnehmen und das Fleisch auslösen. Lauch waschen und kleinschneiden. Möhren und Sellerie ebenfalls schneiden, schälen und würfeln.
3. Die Karkassen der Garnelen in einem Mörser zerstoßen und zusammen mit dem Gemüse und dem Tomatenmark in der Pfanne bräunen.
4. Mit Cognac flambieren. Mit der Sahne ablöschen und einkochen lassen.
5. Die Sauce durch ein Sieb passieren und auf Teller geben.
6. Die Austern zusammen mit dem Garnelenfleisch auf der Sauce anrichten und mit Dill garnieren.

Vorbereitungszeit: 10 Min.
Zubereitungszeit: 25 Min.

Pro Portion
661 kJ / 157 kcal

Muschelsuppe „Middelburg"

2 kg Miesmuscheln
100 g Zwiebeln
1 Möhre
150 g Austernpilze
1/4 l Wasser
1/4 l Weißwein
50 g Butter
30 g Mehl
1/2 l Milch
1 Gläschen Genever (2 cl)
250 ml Sahne
100 ml Muschelsud
Salz, Pfeffer
1 TL Zitronensaft
1 EL feingehackte Pimpinelle

1. Die Muscheln unter fließendem Wasser gründlich abbürsten. Offene Muscheln aussortieren.
2. Die Zwiebeln schälen und vierteln. Möhren waschen und würfeln, Pilze in Streifen schneiden.
3. Gemüse in Wasser und Wein kurz aufkochen.
4. Muscheln zufügen und zugedeckt ca. 6 Min. kochen, bis sie sich geöffnet haben. Fleisch auslösen und Sud durchsieben.
5. 30 g der Butter erhitzen, Mehl darin anschwitzen und mit Milch und Genever unter Rühren ablöschen. Aufkochen, die Sahne und den durchgesiebten Muschelsud unterrühren. Mit Pfeffer, Salz und Zitronensaft abschmecken.
6. Pilze in Butter separat etwa 5 Min. dünsten.
7. Muschelfleisch mit Pilzen und Pimpernelle in die heiße Suppe geben.

Vorbereitungszeit: 15 Min.
Zubereitungszeit: 25 Min.

Pro Portion
2640 kJ / 628 kcal

Gedünstete Tintenfischringe

400 g Tintenfischringe
TK-Produkt
Salz
3 Fleischtomaten
2 EL Öl
Salz
Pfeffer
1/2 EL gehackter Schnittlauch
1/2 EL gehackte Petersilie

1. Die aufgetauten Tintenfischringe abspülen und in Salzwasser bei kleiner Hitze 20 Min. kochen.
2. Die Tomaten überbrühen, häuten, entkernen und in Würfel schneiden.
3. Das Öl in einer Pfanne erhitzen und die Tomatenwürfel darin andünsten. Mit Salz und Pfeffer abschmecken.
4. Die Kräuter über die Tomatenwürfel streuen und vorsichtig mischen.
5. Als Beilage zu den Tintenfischringen servieren.

Vorbereitungszeit: 10 Min.
Zubereitungszeit: 25 Min.

Pro Portion
649 kJ / 154 kcal

Gratinierte Jakobsmuscheln

10 – 12 *Jakobsmuscheln*
50 g *Butter*
250 g *Champignons*
1 *Gläschen Cognac* (2 *cl*)
1 *Becher Sahne* (200 g)
Salz
Pfeffer
1 *Tüte geriebener Käse* (200 g)

zum Garnieren:
Tomaten in Ecken und Zitronen in Spalten geschnitten

1. Die Muscheln unter fließendem kaltem Wasser gut abbürsten, geöffnete Muscheln entfernen.
2. Das Muschelfleisch auslösen und drei Schalen zur Seite stellen.
3. Butter in einer Pfanne erhitzen und das Muschelfleisch darin anbraten. Dann herausnehmen und warm stellen.
4. Die Champignons waschen, putzen und ebenfalls anbraten.
5. Das Muschelfleisch dazugeben und kurz umrühren. Mit Sahne ablöschen, mit Salz und Pfeffer würzen und mit Cognac verfeinern. Das Ganze ca. 5 Min. einkochen lassen.
6. Die Muschel-Champignon-Mischung in die Muschelschalen füllen und den Käse darüber streuen.
7. Die Jakobsmuscheln bei 225° C im Backofen solange überbacken, bis der Käse leicht gebräunt ist.
8. Mit Tomatenecken und Zitronen garnieren.

Vorbereitungszeit: 15 Min.
Zubereitungszeit: 30 Min.

Pro Portion
1610 kJ / 383 kcal

Tintenfisch in Bierteig

500 g Tintenfische
1 Zitrone
Für den Teig:
2 Eier
Salz
Zucker
200 g Mehl
1/2 Flasche Altbier (0,15 l)
Fett zum Fritieren
4 Tomaten
Salz
Pfeffer
1 Zitrone in Spalten geschnitten
einige Salatblätter
1 Sträußchen Thymian

1. Tintenfische in Ringe schneiden und mit Zitronensaft beträufeln.
2. Zutaten für den Teig mischen und die Fischringe darin wälzen.
3. In heißem Fett ca. 4 – 5 Min. ausbacken.
4. Tomaten überbrühen, häuten, entkernen und grob zerkleinern. Mit Pfeffer und Salz abschmecken.
5. Fischringe auf Salatblättern anrichten, mit Zitronenspalten und Thymian garnieren. Tomaten getrennt dazu reichen.

Vorbereitungszeit: 10 Min.
Zubereitungszeit: 15 Min.
Pro Portion
1417 kJ / 337 kcal

Fischpfanne „Vasco da Gama"

8 – 12 Miesmuscheln (küchenfertig)
4 – 6 Langustenschwänze
1 kg Hähnchenteile
Salz
Pfeffer
3 EL Olivenöl
1 Paprikaschote

1 *Fleischtomate*
2 *EL gehackte Zwiebeln*
1 *EL gehackter Knoblauch*
200 *g Reis*
1 *TL Salz*
2 *Msp Safran*
1/2 *l Wasser*
200 *g geschnittene Knoblauchwurst*
150 *g Erbsen (TK-Produkt)*
1 *Zitrone zum Garnieren*

1. Muscheln waschen.
2. Die Langustenschwänze abspülen.
3. Hähnchenteile salzen, pfeffern und in Öl anbraten. Warm stellen.
4. Paprikaschote entkernen, waschen und in Streifen schneiden. Tomate überbrühen, häuten und würfeln.
5. Zusammen mit Zwiebeln und Knoblauch ca. 5 Min. in dem Bratfett schmoren lassen.
6. In einer großen Pfanne das Gemüse mit Reis, Salz und Safran verrühren. Kochendes Wasser hinzugießen und aufkochen. Pfanne vom Herd nehmen.
7. Hähnchenteile, Wurst, Erbsen, Muscheln und Langustenschwänze auf dem Reis verteilen.
8. Die Fischpfanne im Backofen bei 200 °C ca. 25 – 30 Min. garen, bis der Reis die Flüssigkeit ganz aufgesogen hat.
9. Vor dem Servieren ca. 5 Min. ruhen lassen und mit Zitronenschnitzen garniert anrichten.

Vorbereitungszeit: 20 Min.
Zubereitungszeit: 55 Min.

Pro Portion
4707 kJ / 1120 kcal

Austern im Sauerampfernest

12 – 16 *Austern*
2 *Eigelb*, 1/8 *l Wein*
100 *g Butter*
Sauerampfer

1. Die Austern in Wasser 6 – 10 min garen.
2. Eigelb mit dem Wein im Wasserbad schaumig schlagen. Die Butter löffelweise dazugeben.
3. Austern mit Sauce überziehen, überbacken, auf Sauerampfer anrichten.

Vorbereitungszeit: 5 Min.
Zubereitungszeit: 20 Min.

Pro Portion
1176 kJ / 280 kcal

Frutti del Mare

4 frische Tintenfische
1/2 TL Salz
2 Dosen Sild (je 90 g)
2 Dosen Muschelfleisch (je 90 g)
200 g Krabbenfleisch
2 Knoblauchzehen
3 Zwiebeln
1 EL gehackte Petersilie
1 EL gehacktes Basilikum
10 EL kaltgepreßtes Olivenöl
6 EL Essig
Salz
Pfeffer
1 Prise Zucker
1 Kopf Salat

1. Tintenfische in Ringe schneiden und in kochendem Salzwasser ca. 5 Min. garen. Bereitstellen.
2. Die Muscheln abtropfen lassen.
3. Knoblauchzehen und Zwiebeln schälen und fein hacken.
4. Für die Marinade Essig und Öl verrühren. Knoblauch zufügen und mit Salz, Pfeffer und einer Prise Zucker abschmecken.
5. Eine Hälfte der Marinade mit Zwiebeln und Petersilie, die andere mit Basilikum mischen.
6. Tintenfische und Krabbenfleisch mit der Zwiebel-Petersilien-Sauce, Sild und Muscheln mit der Basilikum-Marinade bedekken und mischen.
7. Abgedeckt 2 Std. ziehen lassen und auf Salatblättern anrichten.

Vorbereitungszeit: 10 Min.
Zubereitungszeit: 15 Min.

Pro Portion
1907 kJ / 454 kcal

Tomaten-Muschel-Pfanne

2 Dosen naturell eingelegte Muscheln (je 90 g)
100 g magerer Speck
2 EL Öl
400 g Tomaten
8 Eier
5 EL Dosenmilch
Salz
Pfeffer
2 EL gehackter Dill
2 EL gehackte Petersilie

1. Muscheln abtropfen lassen. Flüssigkeit auffangen.
2. Den Speck in kleine Würfel schneiden und in heißem Öl bei kleiner Hitze auslassen.
3. Die Tomaten waschen, die Stielansätze entfernen, dann zu dicken Scheiben schneiden und auf den Speck legen.
4. Muschelmarinade mit Eiern, Dosenmilch, Salz, Pfeffer, Dill und Petersilie verquirlen. Über die Tomaten gießen und die Muscheln darüber verteilen.
5. Eiermasse bei mittlerer Hitze stocken lassen und sofort servieren.

Vorbereitungszeit: 10 Min.
Zubereitungszeit: 20 Min.

Pro Portion
1909 kJ / 454 kcal

Gebratene Tintenfische mit Pfefferbutter

500 g Tintenfische (TK-Produkt)
4 EL Öl
Salz
schwarzer Pfeffer
4 Toastbrotscheiben
150 g Pfefferbutter (Fertigprodukt)

1. Tintenfische auftauenlassen. Unter fließendem Wasser gründlich abspülen und trockentupfen.
2. In heißem Öl von beiden Seiten braun braten. Mit Salz und Pfeffer bestreuen.
3. Mit Toastbrot und Pfefferbutter servieren.

Vorbereitungszeit: 5 Min.
Zubereitungszeit: 15 Min.

Pro Portion
1947 kJ / 463 kcal

Spaghetti mit Muschelsauce

2 Dosen eingelegte Muscheln (je 90 g)
1 gehackte Zwiebel
1 zerdrückte Knoblauchzehe
2 EL Öl
0,3 l Tomatensaft
2 Döschen Tomatenmark (je 70 g)
Salz
Pfeffer
1/2 TL getrockneter Majoran
1/2 TL getrocknetes Basilikum
250 g Spaghetti
1/2 TL Salz
1/2 TL Öl

1. Die Muscheln abtropfen lassen.
2. Zwiebeln und Knoblauch in Öl 5 Min. dünsten lassen..
3. Tomatensaft, Tomatenmark, Salz, Pfeffer, Majoran und Oregano hineinrühren, zugedeckt 10 Min. leicht kochen.
4. Muscheln hinzufügen.
5. Während die Sauce kocht, Spaghetti in 2–3 l Salzwasser mit 1/2 TL Öl bißfest (al dente) kochen.
6. Abgießen, Nudeln kurz mit kaltem Wasser abschrecken und abtropfen lassen. Zu der Muschelsauce reichen.

Vorbereitungszeit: 5 Min.
Zubereitungszeit: 25 Min.

Pro Portion
1418 kJ / 337 kcal

Englische Muschel-Rahm-Suppe

1,5 kg küchenfertige Seemuscheln
1 Zwiebel
1 Bund Suppengrün
100 g Butter
3/4 l Brühe (Fertigprodukt)
1 Lorbeerblatt
1 TL Wacholderbeeren
1 TL Pfefferkörner
3 EL Mehl
1 Becher Sahne (200 g)
1/4 l Weißwein
1 TL Zitronensaft
1/2 TL Worcestersauce
1 Prise Zucker
2 TL gehackte Minze

1. Die Muscheln waschen.
2. Zwiebeln schälen, Suppengrün putzen und beides in Würfel schneiden. Dann in 50 g Butter glasig dünsten. Brühe, Lorbeerblatt, Pfefferkörner und Wacholderbeeren zufügen, ca. 15 Min. kochen.
3. Muscheln dazugeben und 5 – 7 Min. garen.
4. Abgießen und den Sud auffangen.
5. Dann das Muschelfleisch auslösen.
6. Mehl mit der restlichen Butter anschwitzen, den Sud dazugeben und aufkochen.
7. Mit Sahne, Weißwein, Zitronensaft, Worcestersauce und Zucker abschmecken.
8. Muscheln und Minze unterziehen und sofort servieren.

Vorbereitungszeit: 15 Min.
Zubereitungszeit: 40 Min.

Pro Portion
3796 kJ / 903 kcal

Venusmuscheln in Krebsbutter

1 Bund Suppengrün
2 Rotbarschfilets
Saft von 1 Zitrone
Pfefferkörner
Salz
500 g Venusmuscheln
500 g Tiefseekrabben
50 g Krebsbutter (Fertigprodukt)

1. Suppengrün putzen, waschen und kleinschneiden. Fisch waschen.
2. Beides mit der Hälfte des Zitronensaftes und den Pfefferkörnern in 3/4 l Salzwasser geben, aufkochen und ca. 15 Min. ziehen lassen.
3. Fisch herausnehmen und in 3 cm große Stücke schneiden. Den Fischsud durchsieben und wieder aufkochen lassen.
4. Venusmuscheln abspülen und in dem Sud etwa 10 Min. ziehen lassen.
5. Muscheln aus dem Sud nehmen und ungeöffnete Muscheln wegwerfen.
6. Krabben ebenfalls in den Sud geben. 5 – 7 Min. ziehen lassen, herausnehmen und schälen.
7. Krebsbutter erhitzen und die Fischstücke, Muscheln und Krabben in der Krebsbutter kurz warm werden lassen.

Vorbereitungszeit: 10 Min.
Zubereitungszeit: 35 Min.

Pro Portion
2073 kJ / 493 kcal

Rezeptverzeichnis

A

B

C

D

E